AF363290

Enrico Cavarischia

La Divina Commedia per tutti

Una spiegazione divulgativa

pe

Primiceri Editore

Alle mie tre donne:
Antonella, Gloria e Alessia

A papà Enzo

Un ringraziamento particolare a *Vanessa Palmiero*
per i suoi preziosi consigli
e a *Pamela Michelis* per l'editing del testo

Introduzione

Perché nel 2019 scrivere un libro sulla *Divina Commedia*, anzi, l'ennesimo libro sulla *Divina Commedia*?

Questo mio sforzo letterario, umile omaggio al *Sommo Poeta*, si pone il difficile obiettivo di avvicinare alla *Divina Commedia* chi la considera una lettura noiosa, una mera imposizione scolastica, attraverso una narrazione scorrevole, incentrata sulle vicissitudini dei personaggi, con un linguaggio privo di tecnicismi o latinismi e che possa risultare di facile ed immediata comprensione, pur rispettandone il pregio letterario.

Il testo è un condensato di anni di studi che si approccia alla *Commedia* partendo dall'interpretazione del dantista Luigi Valli[1], per poi dar risalto ad alcuni aspetti narrativi e stilistici generalmente meno analizzati nei percorsi scolastici.

Ho scelto di assumere come modello di riferimento il pensiero di Luigi Valli per il suo discostarsi dall'interpretazione più condivisa nel mondo letterario degli endecasillabi danteschi: con le sue teorie, infatti, ribalta il punto di vista più comune dimostrando che anche il passaggio che sembra avere un significato univoco sottende a diverse interpretazioni. Luigi Valli dà una lettura inconsueta ma plausibile, logica e coerente; ci svela segreti e misteri della *Commedia* guidando il lettore nei

---

[1] Luigi Valli (Roma, 1878 - 1931) è stato critico letterario e professore di Filosofia morale all'Università di Roma. Riprese le tesi di Giovanni Pascoli (di cui fu prima allievo e poi amico fraterno) sull'interpretazione allegorica della *Divina Commedia*, sviluppando anche una sua teoria su un presunto circolo segreto di "Fedeli d'Amore", di cui facevano parte Dante e gli Stilnovisti. Tra le sue opere ricordiamo: *Il linguaggio segreto di Dante e dei Fedeli d'Amore* (Roma, 1928), *La chiave della divina commedia* (Bologna, 1925), *Il segreto della Croce e dell'Aquila, nella Divina commedia* (Bologna, 1922), *L'allegoria di Dante secondo Giovanni Pascoli* (Bologna, 1922).

meandri del periglioso viaggio sino a proporre una lettura molto interessante dell'opera.

Il capolavoro dantesco è un libro avvincente e contemporaneo, narra la vicenda di un uomo che potrebbe essere quello odierno, con le stesse paure, le stesse indecisioni, le stesse perplessità, gli stessi vizi... sembra un libro appena pubblicato! Tale è il coinvolgimento narrativo che suscita che a volte ci sentiamo noi stessi i protagonisti dell'opera, come se stessimo guardando un film che parla della nostra vita.

Tutti – e ribadisco tutti – possono accostarsi alla lettura della *Divina Commedia*, anche chi, come me, ha seguito un percorso di studi di altro tipo. Non bisogna sentirsi spaventati o non all'altezza: basta avere curiosità e passione e anche i passaggi filosofici e teologici di maggiore complessità potranno risultare chiari. Ad oggi, infatti, abbiamo molti strumenti per reperire informazioni in aiuto a questo percorso, uno fra tutti internet, che fornisce un bacino eccezionale dal quale attingere. Non a caso per la scrittura di questo volume mi sono spesso affidato al sito internet *La Divina Commedia* (https://divinacommedia.weebley.com), che, a mio avviso, è chiaro e sintetico nell'esposizione dei concetti.

Non dimentichiamo, infine, che il poema è scritto in *volgare* (cioè nella lingua parlata dell'epoca)[2], non in latino, proprio perché Dante voleva che tutti leggessero il suo testo, anche i meno istruiti.

All'interno della *Commedia* troviamo parole dialettali ed espressioni gergali del quotidiano; l'opera dantesca ha unito linguisticamente gli Italiani (intesi come abitanti della penisola

---

[2] L'espressione *lingua volgare* (o semplicemente *volgare*) fa riferimento alle lingue parlate (e poi anche scritte) nel Medioevo da tutti (aristocratici e popolani, dotti e ignoranti, religiosi e laici), in tutte le situazioni informali della vita quotidiana. La lingua della comunicazione formale – parlata e scritta – era, invece, il latino (o *gramatica*, com'era chiamato nel Medioevo). Proprio Dante spiega bene questa differenza: il volgare è la lingua naturale che si apprende da bambini per imitazione; la grammatica (o latino) è quella artificiale che si impara nel corso di lunghi anni di studio (*De vulgari eloquentia* I, i, 2-3).

italica, dato che il Regno d'Italia, ai tempi di Dante, ancora non esisteva), i quali per la prima volta si trovano a leggere un libro scritto nel linguaggio comune, colloquiale e che parla sì delle vicende di Firenze e dei Fiorentini, ma anche di situazioni e personaggi di altri luoghi e tempi.

Come è ben noto, la *Divina Commedia* è suddiviso in tre sezioni (*cantiche*) – *Inferno*, *Purgatorio* e *Paradiso* – con all'interno diversi "sotto-capitoli", i *canti*, 33 per ogni cantica (tranne l'Inferno, che contiene un ulteriore canto proemiale), formati da un numero variabile di versi, fra 115 e 160, strutturati in *terzine*. L'*Inferno* è la cantica alla quale ho dedicato più pagine, in quanto maggiormente immediata e avvincente, da cui è possibile rilevare un carattere più "pratico" degli eventi narrati: il *Purgatorio* e il *Paradiso* sono filosofici e teologici, più criptici.

Il presente volume si sofferma sui passaggi che mi hanno maggiormente emozionato, descrivendone i personaggi affascinanti e cercando di svelare cosa si cela *sotto il velame de li versi strani*: per questo motivo sono presenti omissioni e semplificazioni del testo universalmente conosciuto, facilmente reperibile nei maggiori commentari. Non è quindi una disquisizione completa, né un'interpretazione linguistico-semantica, piuttosto un riassunto – se così si può dire – di tipo divulgativo.

Volutamente ho preferito riflettere su determinate situazioni oppure presentare con più accortezza specifici personaggi, traendo spunto dai ragionamenti e dagli insegnamenti degli studiosi della *Divina Commedia* che rappresentano la bussola della mia *piccioletta barca* che naviga nel mare dantesco: Luigi Valli, Erich Auerbach, Enrico Malato, Giorgio Petrocchi e Jorge Luis Borges che, a vario titolo e con uguale autorevolezza, mi hanno aiutato e mi aiutano tutt'oggi nella comprensione del testo.

Non ho inserito nel testo canti celebri come quelli su Paolo e Francesca, Farinata degli Uberti o Ulisse, che sono tra i più noti e dibattuti, ma ho acceso un riflettore su storie o personaggi "minori" o comunque meno conosciuti, ma a mio avviso altrettanto interessanti. Viceversa, a corredo di talune terzine, ho ritenuto opportuno inserire alcune tavole pittoriche, su tutte quelle dipinte da Gustave Doré, artista francese, che nella seconda metà dell'Ottocento ha interpretato e illustrato magistralmente alcune scene del poema dantesco che hanno affascinato la mia fantasia e che graficamente catturano con grande forza ed enfasi alcune terzine dantesche:

> Nessun artista avrebbe potuto illustrare Dante meglio di Gustave Doré. Oltre al talento compositivo e grafico, egli possiede quell'occhio visionario di cui parla il Poeta, capace di svelare l'aspetto segreto e singolare della natura. Riconosce nelle cose il loro lato bizzarro, fantastico e misterioso.[3]

La *Divina Commedia* è uno specchio nel quale guardarsi: ognuno ci legge e interpreta le situazioni secondo la propria sensibilità. Mi spiego meglio: la *Divina Commedia* è un testo *polisemos* (come ci dice Dante stesso nella XIII epistola al suo amico Cangrande della Scala)[4], deve essere cioè interpretata sotto quattro aspetti: letterale, morale, allegorico e anagogico. Il primo aspetto si riferisce al testo in senso stretto, cioè escludendo qualsiasi interpretazione soggettiva o metaforica; il secondo aspetto riguarda la scelta tra bene e male, giusto e ingiusto; per allegorico, invece, si intende un significato diverso da quello che è il contenuto logico delle parole; infine l'ultimo aspetto, l'anagogico, che corrisponde alla sfera interiore e spirituale, deriva dal greco ἀναλογικός che significa "ciò che porta verso l'alto".
Data la pluralità di significati attribuibili al poema, molti sono i passaggi controversi sui quali gli studiosi dibattono da secoli: ad

---

[3] T. Gautier, *L'Enfer de Dante Alighieri avec les dessins de Gustave Doré*, *"Variétés"*, in "Le Moniteur Universel", Parigi, 30 luglio 1861, p. 32.
[4] E. Bono, *Fatti non foste a viver come bruti*, Ed. youcanprint, Lecce, 2014, p. 27.

esempio, se Virgilio prende per mano Dante, il significato letterale è semplice, si danno la mano, ma il senso non manifesto può aprirsi a diverse interpretazioni, sempre, ovviamente, nei limiti della coerenza con il tessuto narrativo. Dante e Virgilio, per esempio, si prendono per mano come grandi amici, che dimostrano, con questo gesto, il loro affetto e superano insieme un ostacolo; oppure, potrebbe darsi, che qualcuno veda in questo gesto non un segnale di amicizia, ma il simbolo del supporto educativo del Maestro (Virgilio) che aiuta l'allievo (Dante) a superare un impedimento tenendolo per mano. Per altri lettori ancora, questo gesto potrebbe non aver nessun rilievo: si può non essere sensibili a un particolare del genere, dunque, come anche voltare pagina senza commettere alcun sacrilegio.

Personalmente, credo che l'opera descriva un viaggio di un ragazzo – non un professore, non un esperto, ma un "giovanotto" – di circa trentacinque anni, Dante, che non è di certo un santo e, come tutti, ha le sue insicurezze, i suoi tentennamenti, talvolta cade vittima di qualche peccato capitale ma, nonostante tutto, alla fine del viaggio arriva a vedere Dio. Questo ci dà coraggio e forza, ci insegna che tutti possono migliorare. Con Dante partecipiamo a un percorso comune, la vita, fatta di alti e bassi, gioie e dolori, che hanno provato i nostri antenati, prima di noi, nella stessa misura in cui oggi li viviamo noi. Attraverso le terzine, leggiamo di ansie e paure comuni a molti di noi e questo ci conforta.

Nella *Commedia*, Dante ci parla non solo di una storia di amicizia, quella sua e di Virgilio tra tutte, ma anche di amore, avventura, di storie di santi e peccatori, ci presenta esseri mitologici grotteschi, angeli splendenti, *demòni* minacciosi (da leggersi con l'accento in quanto la parola *dèmone* può avere un'accezione positiva, ad esempio "Ho il dèmone della musica"[5]; viceversa *demòni* è il plurale di "demonio", ovvero

---

5 *Intervista al vescovo esorcista Mons. Andrea Gemma*, www.youtube.com/watch?v=qF49YiklnYQ, 10/04/2019.

un'entità spirituale malefica), ci fa spaventare ma anche ridere e ci emoziona con la visione di Dio.

Per aiutare il lettore a calarsi nelle varie vicissitudini, l'autore-protagonista Dante ricorre a un linguaggio diverso per ogni situazione: rime dolci per parlare di amore, rime che ci risuonano dure al nostro orecchio per descrivere un dannato... anche in questo sta la grandezza del Poeta, nel comporre, come note, frasi musicali, orchestrate poi nella partitura del testo, assecondando il tempo e l'intensità del significato. Ed ecco lo spartito fatto di canti.

La *Divina Commedia* racchiude e anticipa tutti i generi letterari, anche quelli più impensabili, come, ad esempio, il *fantasy*: non può, dunque, non soddisfare i gusti dei più disparati lettori.

Un altro aspetto che mi ha sempre incuriosito e che mi ha fatto pensare che il Divino Viaggio fosse stato scritto da un essere soprannaturale è la numerologia. È risaputo che l'Alighieri, in conformità alle credenze del suo tempo, ebbe una particolare predilezione per i numeri *1*, *3*, *9*, *10* e *100*. Avverte Carducci che con questa "cabala" Dante effettuerà "così proporzionata, armonica quasi matematica la esecuzione de la immensa epopea"[6].

Secondo quanto evidenziato da Tommaso Nobile nel volume *Il mondo dantesco*,

> [...] nella Commedia ricorre una sola volta il nome di Dante nel poema, una sola volta la parola contrappasso, una la parola "erine" (erinni) e una "empireo". Il numero tre e i suoi multipli, invece, fanno da padrone, ricorrendo più spesso rispetto agli altri. Di seguito un elenco parziale: 3 sono le cantiche, 3 sono le porte, 3 le fiere, 3 le donne benedette, 3 le categorie di peccati puniti all'Inferno, 3 i sogni di Dante, 3 i voli di Dante, ecc. Inoltre, ognuna delle 3 cantiche si chiude con una frase in cui compare all'interno la parola "stelle": Inferno, "e

---

[6] *Dante il simbolismo pitagorico e i fedeli d'amore*,
www.academia.edu/26066212/Dante_il_simbolismo_pitagorico_e_fedeli_damore,
10/04/2019.

tornammo a riveder le stelle", Purgatorio, "puro e disposto a salire a le stelle", Paradiso, "l'amor che move il sole e l'altre stelle". Passando al numero nove, abbiamo: 9 cerchi dell'Inferno, 9 i cieli aggirantesi nell'empireo, 9 gli angeli del Purgatorio, 9 le parti del Purgatorio. Infine, 10 sono le bolge, 100 sono in totale i canti della Commedia e circa centomila (esattamente 99.542) le parole impiegate nel Poema. I due numeri 10 e 100 si ottengono aggiungendo all'unità un multiplo di 3 (10=3*3+1). Si conclude che i numeri preferiti di Dante sono 1 e 3, simboli della perfezione perché sono simboli dell'unità e trinità di Dio.

Tutto ha una precisione rigorosa, unica nel suo genere. Nessun altro autore ha composto un'opera in cui l'aritmetica andasse a braccetto con le rime, in cui ci fossero determinati parametri stabiliti a priori dall'autore. È già difficile scrivere un poema, ma comporne uno che fosse anche "scientifico" ha veramente dell'incredibile.
Altra caratteristica unica è la *struttura metrica* che in letteratura viene definita come

> [...] la disciplina che ha per oggetto lo studio della versificazione, fondata su un complesso di norme che variano secondo la natura di ciascuna lingua e le convenzioni che si stabiliscono in rapporto a determinate idee estetiche: se il carattere di una lingua subisce nel corso della storia una modificazione tale da far venir meno gli elementi scelti come criteri di versificazione, anche questa di conseguenza subisce un cambiamento, per es., all'interno del latino, la perdita di senso della quantità che provoca il passaggio dalla m. quantitativa alla ritmica mediolatina e poi romanza.[7]

La struttura metrica della *Commedia* è detta *terzina dantesca* o *terzina incatenata* perché, ogni terzina si aggancia alla successiva come gli anelli di una catena, attraverso il secondo verso (tra l'altro, come nota Enrico Malato nel libro *Dante*, la

---

[7] *Struttura metrica - Treccani.it*, www.treccani.it/enciclopedia/metrica/, 11/04/2019.

struttura metrica dell'opera è pensata in una insolita terza rima incatenata. Il numero tre appare anche in questo aspetto).

La sequenza è: ABA BCB CDC: così facendo, Dante riesce a comunicare il contesto in cui si trova, la rima sarà quindi più cupa e aspra nell'Inferno, più dolce in Purgatorio e sublime nel Paradiso.

Come un pittore utilizza colori differenti per differenti tele, così Dante utilizza le parole per dipingere le diverse situazioni: in base ai vocaboli scelti, il lettore riuscirà a immergersi nello studio del testo, aiutato anche dal suono delle parole che richiamano il contesto di riferimento.

Altra caratteristica unica, specialmente se si considera il periodo in cui è stata scritta, è quella per cui il Dante Poeta, come un attore che all'improvviso guarda in macchina, si rivolge direttamente al lettore, facendolo sentire osservato, quasi scoperto nella sua intimità, per non parlare poi dell'effetto scenico di chiamare in causa persone viventi sue contemporanee, come se oggi facessimo lo stesso inserendo però papa Francesco, Sergio Mattarella, politici o personaggi dello spettacolo mandandoli all'Inferno, al Purgatorio o in Paradiso... vi immaginate che *shock* sarebbe per il lettore? In una sola parola: *geniale*.

Infine, è interessante ricordare che Dante cominciò a scrivere la *Commedia* probabilmente dopo il 1307: sappiamo con certezza che Inferno e Purgatorio erano già stati pubblicati nel 1319, mentre il Paradiso comparve postumo (dopo la morte di Dante che avviene nel settembre del 1321). Ciò significa che il poema ha avuto una lunga gestazione, periodo nel quale l'Alighieri si è dedicato anima e corpo alla *Commedia*, mettendoci tutta la sua passione e la sua bravura.

Inoltre:

> [...] il titolo originale era semplicemente *Commedia* o *Comedia*, letti probabilmente alla greca, accentati sulla i.
> L'attributo "divina" fu aggiunto per la prima volta

nell'edizione veneziana di Giolito nel 1555, curata da Ludovico Dolce, forse ripreso dal *Cesano* di Claudio Tolomei, stampato quello stesso anno, che a sua volta lo aveva desunto dal *Trattatello* di Boccaccio.[8]

Si deve quindi al Poeta Boccaccio l'aggettivo *divina* che dà una connotazione ben specifica al titolo inizialmente anonimo scelto dall'Alighieri; il termine *commedia*, infatti, denota che il componimento poetico comporti un lieto fine, a differenza della tragedia che non fa presagire un epilogo roseo. Boccaccio con l'aggettivo "divina" svela al lettore che l'opera che si appresta a leggere tratta temi sacri.

Insomma, la *Divina Commedia* è un libro unico, precursore, innovativo e visionario, che a distanza di secoli non ha perso il suo fascino. Alcuni canti sembrano film di Stanley Kubrick: premonitori, geniali, anticonformisti, in prima battuta criticati e mal accolti da una parte del pubblico, ma che a distanza di tempo sono diventati dei *must*, da leggere e studiare, dei veri e propri capolavori all'interno di quel gioiello che è la *Divina Commedia*. Non a caso Jorge Luis Borges ha definito il poema "il più bel libro della letteratura mondiale", aggiungendo: "la Commedia è un libro che tutti dobbiamo leggere. Non farlo significa privarci del dono più grande che la letteratura possa offrirci".

L'intento della *Commedia* è chiaro, ovvero portare il lettore ad una condizione di felicità: *fatti non foste per viver come bruti, ma per seguire virtute e canoscenza.*

Buona lettura

---

[8] E. Malato, *Dante*, Salerno Editrice, Roma, 2015, p. 249.

PARTE PRIMA
L'Inferno

Introduzione Inferno

L'Inferno è la cantica che si manifesta nel modo più nitido di fronte agli occhi del lettore, con un linguaggio visivo che dipinge ambientazioni, personaggi e situazioni. È il luogo fisico dove Dante incontra personaggi che, anche se deformati dalle atroci pene, mantengono una fattezza umana, dove percepisce la puzza dei fiumi infernali, sente il vento freddo che provoca Lucifero con le sue ali nella Giudecca, ode le grida dei mostri infernali; è il luogo dove, sopraffatto da troppo orrore, sviene.

Dante si perde nella *selva oscura*, si ritrova in questo bosco minaccioso e selvaggio ed è assalito da un senso di terrore e sgomento. Nessuno sa come ci sia arrivato, il Poeta ci dice solo che egli era *pieno di sonno* quando entrò in questo bosco.

La selva oscura, oltre a essere un luogo fisico, rappresenta l'allegoria del peccato: Dante si sente prigioniero dei suoi peccati perché ha smarrito la ragione.

Il Poeta inizia il suo viaggio controvoglia: egli in realtà non vorrebbe varcare la porta dell'Inferno (chi lo vorrebbe?), ma è costretto perché la strada per tornare indietro gli è sbarrata da tre belve feroci: una lonza (ovvero una lince o, secondo altri, un leopardo o una pantera, che rappresenta la lussuria), un leone (la superbia), e una lupa (l'avarizia).

Dante sceglie queste tre belve feroci perché hanno caratteristiche fisiche e comportamentali che ben possono rappresentare i vizi a cui allegoricamente sono associate.

Lonza, leopardo o pantera, che dir si voglia, a simboleggiare la lussuria, sono belve che si muovono sinuosamente, sono agili ma letali, al pari della lussuria che, allo stesso modo, seduce e induce nel vizio gli esseri umani.

Il leone, statuario, re degli animali, con la sua criniera è indice di bellezza e superiorità, così come i superbi che si credono più belli o migliori degli altri nelle arti o nelle proprie capacità.

La lupa magra, vorace e irrequieta: così è l'avaro che non è mai sazio di accumulare beni terreni, smagrito nel corpo e nell'anima da un senso di irrequietezza che non lo rende mai soddisfatto di ciò che possiede.

Come accennato nell'*Introduzione*, la *Divina Commedia* va interpretata sotto vari aspetti e questo ne è un chiaro esempio: gli animali sono in carne ed ossa, infatti riusciamo ad immaginarli come se ce li avessimo davanti, ma allo stesso tempo ciascuno di essi è anche l'allegoria dei vizi capitali che perseguitano il protagonista in vita, in particolare tre di cui è vittima Dante (lussuria, superbia e avarizia); questi vizi sono una zavorra che impedisce a Dante di raggiungere il bene più alto, in qualche modo se ne deve liberare!

Il viaggio inizia quindi con un'*impasse*: Dante non vuole proseguire, ma non può tornare indietro.

In suo aiuto arriva la sua guida, il Poeta Virgilio, autore dell'*Eneide*, il quale è per Dante una fonte di ispirazione, un maestro, un modello da imitare e seguire ciecamente. Virgilio spiega a Dante che non può non entrare all'Inferno, ma non deve preoccuparsi perché ci sarà lui al suo fianco.

Dopo qualche attimo di tentennamento (non è comunque semplice accettare l'idea di dover fare un viaggio del genere), Dante accetta, rincuorato dalla notizia che il suo viaggio è voluto da tre Donne a lui molto care – la *Madonna*, *Santa Lucia* e *Beatrice* – che veglieranno lungo tutto il suo viaggio. Ma perché proprio queste tre donne vegliano Dante durante tutta la durata del viaggio?

Dante stesso si dichiara apertamente devoto alla Vergine Maria nel Paradiso (XXIII, 88-89) scrivendo che egli era solito recitare l'*Ave Maria* la mattina e la sera. È probabile quindi che egli abbia voluto con sé questa figura per la quale nutre un sentimento materno e alla quale in vita ha rivolto il suo pensiero quotidianamente.

Era altrettanto votato a Santa Lucia, in quanto leggenda narra che il Poeta abbia avuto una malattia agli occhi; Dante pregò Santa Lucia che lo guarì, ragion per cui nella *Commedia* ella veglia su di lui.

Infine, Beatrice è il suo amore puro e casto, mai corrisposto e interrotto brutalmente con la morte della donna (Beatrice morì a 24 anni); è colei che dà al Poeta la forza di addentrarsi nel Regno degli Inferi. È la donna senza la quale Dante non sarebbe riuscito ad uscire dalla selva oscura, rimanendo ostaggio delle belve feroci e dei suoi peccati.

I nostri protagonisti compiono un viaggio incredibile che li porterà ad uscire dal Primo Regno dopo sole 24 ore, che a noi sembrano poche, ma sono dense di *suspense*, colpi di scena e ambientazioni degne di un set hollywoodiano da milioni di dollari.

Entriamo con loro: eccoci in un luogo buio, fatto di roccia e con i vari sentieri e ponti dissestati; un percorso irto di pericoli ed ostacoli.

> L'Inferno è diviso in nove Cerchi, simili a delle cornici rocciose che circondano la parte interna della voragine e che ospitano i vari dannati. C'è un Vestibolo, detto anche Antinferno, dove si trovano gli ignavi. Questo luogo è diviso dall'Inferno vero e proprio dal fiume Acheronte, dove i dannati vengono traghettati da Caronte sulla sua barca. Il I Cerchio, detto anche Limbo (da *lembo*, ovvero orlo estremo dell'abisso infernale), ospita i pagani virtuosi e i bambini morti prima del battesimo; queste anime non sono né dannate né salve e non subiscono alcuna pena, tranne il desiderio inappagabile di vedere Dio (Virgilio è una di esse).
> Dopo il passaggio dell'Acheronte, i dannati giungono davanti a Minosse, custode del II Cerchio e giudice infernale. Le anime confessano tutti i loro peccati e Minosse indica qual è il

Cerchio dove saranno destinati, attorcigliando la lunga coda intorno al corpo.[9]

I dannati vengono condannati applicando la *legge del contrappasso*: ognuno riceve in base a quello che ha dato in vita, in misura direttamente proporzionale. Nell'Inferno chi da vivo si è comportato male, viene ripagato della stessa moneta ed in egual misura; se, ad esempio, una persona avrà avuto sete di sangue uccidendo e seminando violenza, all'Inferno sarà sommerso in un fiume di sangue bollente. Semplice ed ineccepibile.

Altra considerazione doverosa è che Dante separa sempre il peccato dal peccatore, egli cioè spesso prova pena per il dannato, ma non giudica la pena che sta scontando in quanto imposta dal volere di Dio e quindi incontrovertibile.

Fin qui il lato tangibile del viaggio nel Primo Regno.

Per quanto riguarda il punto di vista morale, i dannati sono così confinati:

> *Vestibolo* (Antinferno)
> Ignavi, uomini che non si sono schierati dalla parte del bene né del male. Corrono dietro un'insegna senza significato, punti da vespe e mosconi (ci sono anche gli angeli "neutrali", non schieratisi con Dio né con Lucifero).
>
> *I Cerchio* (Limbo)
> Pagani virtuosi, bambini non battezzati e "spiriti magni". Non subiscono alcuna pena, tranne il desiderio inappagabile di veder Dio.
>
> *II Cerchio* (Lussuriosi)
> Sono trascinati da una violenta bufera infernale. Minosse giudica i dannati ed è custode del Cerchio.

---

[9] *La Divina Commedia*,
https://divinacommedia.weebly.com/introduzione-inferno.html, 07/04/2019.

III Cerchio (Golosi)
Giacciono in un fango maleodorante, colpiti da una incessante pioggia. Cerbero li rintrona coi suoi latrati e li graffia con gli artigli.

IV Cerchio (Avari e Prodighi)
Divisi in due opposte schiere, fanno rotolare enormi macigni in direzioni opposte, finché cozzano gli uni contro gli altri. A questo punto si rinfacciano rispettivamente la loro colpa, poi tornano indietro fino al punto opposto del Cerchio.
Il demone Pluto (Plutone) custodisce il Cerchio, ma non partecipa alla loro pena.

V Cerchio (Iracondi)
Sono immersi nella palude formata dal fiume Stige, che circonda la città infernale di Dite, e si colpiscono continuamente con schiaffi, pugni, morsi (tranne gli "accidiosi", ovvero gli iracondi amari e difficili che covarono il risentimento e sono totalmente immersi nella palude).
Il demone Flegiàs è il custode del Cerchio, funge da traghettatore delle anime alla città di Dite.

VI Cerchio (Eresiarchi)
Giacciono in tombe di pietra infuocate, dentro la città di Dite che è custodita da centinaia di diavoli. Tra di essi vi sono soprattutto i seguaci dell'Epicureismo, che affermavano la mortalità dell'anima.

VII Cerchio (Violenti)
I Girone (violenti contro il prossimo): sono immersi nel Flegetonte, fiume di sangue bollente, e sono tenuti a bada dai Centauri armati di arco e frecce.
II Girone (suicidi e scialacquatori): i primi sono imprigionati dentro gli alberi della selva e tormentati dalle Arpie; i secondi sono inseguiti da cagne nere che li azzannano e sbranano.
III Girone (bestemmiatori, sodomiti, usurai): sono in un sabbione infuocato, sotto una pioggia di fiammelle; i bestemmiatori sono sdraiati e immobili, i sodomiti camminano, gli usurai restano seduti.

VIII Cerchio (Malebolge, peccatori di frode)
I Bolgia (ruffiani e seduttori): sono frustati dai diavoli.
II Bolgia (adulatori): sono immersi nello sterco.
III Bolgia (simoniaci): sono conficcati dentro delle buche a testa in giù, con le piante dei piedi accese da fiammelle.
IV Bolgia (indovini): camminano con la testa rivoltata all'indietro.
V Bolgia (barattieri): sono immersi nella pece bollente, sorvegliati da demòni alati armati di bastoni uncinati (Malebranche).
VI Bolgia (ipocriti): camminano con indosso una cappa di piombo dorata all'esterno.
VII Bolgia (ladri): hanno le mani legate dietro la schiena da serpenti e subiscono orribili metamorfosi.
VIII Bolgia (consiglieri fraudolenti): sono avvolti da una fiamma.
IX Bolgia (seminatori di discordie): sono tagliati e mutilati da un diavolo armato di spada.
X Bolgia (falsari): i falsari di metalli sono colpiti dalla scabbia; quelli di persone si addentano tra loro; quelli di monete sono tormentati dalla sete; quelli di parole sono colpiti da febbre altissima.

IX Cerchio (Cocito, traditori)
Sono imprigionati nel ghiaccio: i traditori dei parenti a capo chino, quelli della patria fino a mezza faccia col capo eretto, quelli degli ospiti col capo all'indietro (così che le lacrime si ghiaccino e chiudano loro gli occhi), quelli dei benefattori sono totalmente immersi nel ghiaccio.
Al centro di Cocito si trova Lucifero, che nelle tre bocche maciulla Bruto e Cassio (traditori di Cesare) e Giuda (traditore di Cristo).[10]

Dante e Virgilio attraversano tutto l'Inferno sino a giungere alle soglie del Purgatorio; il loro è un viaggio faticoso, ostacolato da demòni e da varie difficoltà sia di tipo fisico, sia spirituale: fisico perché dobbiamo immaginare che le varie situazioni siano

---

[10] *La Divina Commedia*,
https://divinacommedia.weebly.com/malebolge.html, 08/04/2019.

successe veramente, dobbiamo credere che lui il viaggio l'abbia intrapreso realmente, che abbia faticato nel percorrere strade e sentieri scoscesi e visualizzare luoghi e personaggi; spirituale perché è un percorso di purificazione complesso, non è semplice distaccarsi dalle tentazioni terrene ed inoltre il protagonista soffre nel vedere persone a lui care dannate confinate all'Inferno senza possibilità di redenzione.

Nell'aldilà, nel Regno delle Tenebre, i peccatori sono segregati in base alla gravità del peccato commesso: i primi gironi spettano a coloro i quali sono colpevoli dei peccati di incontinenza (come ad esempio lussuria e gola) mentre negli ultimi patiscono i traditori che, come tali, hanno una colpa ben più grave. I peccati di incontinenza sono dettati da istinti fisici, dall'impeto del momento; i traditori, invece, tradiscono con l'ingegno della mente, architettano, escogitano, pensano alle loro malefatte e, per questo motivo, soffrono pene maggiori perché hanno utilizzato la ragione, l'intelligenza, il bene più alto che ci dona Dio per fare del male. Perciò sono rinchiusi vicino a Lucifero, in prossimità del centro della terra, nei luoghi più remoti e distanti dal Paradiso, sede dell'Altissimo.

La struttura dell'Inferno dantesco, non a caso, è a forma di imbuto, nel fondo del quale è confinato il diavolo. Leggenda narra che la voragine infernale si sia creata dopo la cacciata di Lucifero dal Regno di Dio a causa della sua ribellione; l'angelo, infatti, credendosi migliore dell'Onnipotente peccò di superbia e per questo fu cacciato dal regno dei Cieli: la terra, schifata, si sarebbe scansata per non toccare il principe delle tenebre andando a creare all'opposto la montagna del purgatorio.

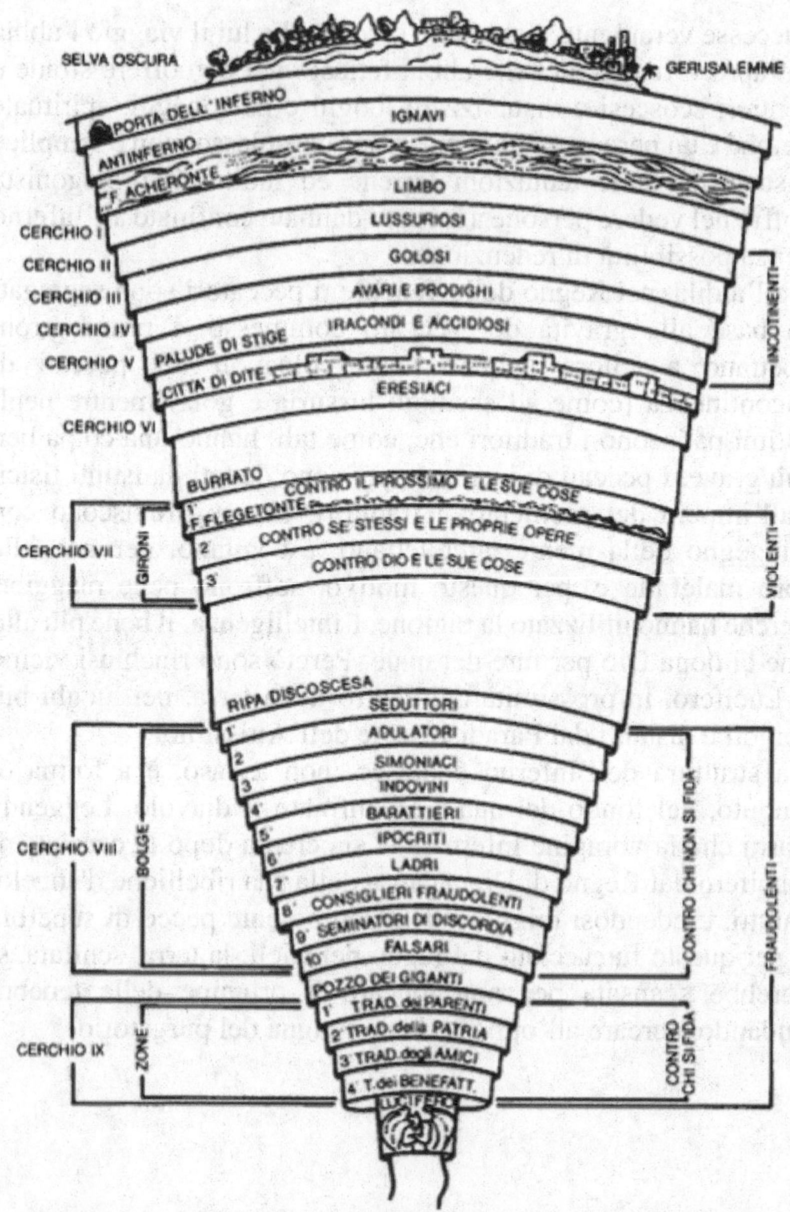

Schema dell'Inferno dantesco
(Wikipedia)

Canto I
L'inizio del viaggio, la selva oscura, Dante e Virgilio, il Veltro: il primo mistero

> Incomincia la Comedia di Dante Alleghieri di Fiorenza, ne la quale tratta de le pene e punimenti de' vizi e de' meriti e premi de le virtù. Comincia il canto primo de la prima parte nel qual l'auttore fa proemio a tutta l'opera.[11]

Non potevo non iniziare con il primo celebre canto, forse uno tra quelli più studiati nelle scuole di mezzo mondo.

Già dalla prima terzina, notiamo qualcosa di strano: nel primo verso utilizza l'aggettivo possessivo plurale *nostra*, nel secondo verso invece utilizza il pronome personale *mi*, questo perché l'autore vuole farci capire che sì, è lui il protagonista, ma che la storia che si accinge a raccontare riguarda tutti: tutti siamo un po' Dante e come lui abbiamo vizi e virtù, pregi e difetti.

Condividiamo lo stesso percorso comune, ossia la vita: molti si sono persi nella selva oscura smarrendo la diritta via; capita, infatti, un momento di confusione, quando non sappiamo quale sia la decisione giusta, o abbiamo fatto scelte discutibili, ma nulla è perduto e come ce l'ha fatta Dante, possiamo riuscire anche noi a ritrovare la diritta via.

Dante, come accennato nelle pagine precedenti, si trova in questa selva oscura non riuscendo più a trovare la strada per la diritta via; è il luogo fisico del principio del cammino, ma rappresenta anche l'allegoria del peccato, la zona più recondita

---

[11] G. Petrocchi (a cura di), *La Commedia secondo l'antica vulgata*, Casa Editrice Le Lettere, Firenze, 1994. Essendo i riferimenti all'opera di Giorgio Petrocchi tratti dal sito internet danteonline.it, da questo momento verranno indicati solo come *cit.*, facendo come unico riferimento l'URL
www.danteonline.it/italiano/opere.asp?idope=1&idlang=OR, visitato il 19/11/2019.

di noi stessi, in cui sono confinate paure, incertezze e colpe. La selva è così spaventosa che il Poeta, al solo pensiero, prova terrore: il semplice ricordo di quel luogo impervio getta Dante in uno stato di angoscia. Perché quindi parlarne? È l'autore stesso che ne spiega il motivo: dalla selva è iniziato il viaggio salvifico che lo ha liberato dallo stato di disperazione in cui versava; decide, perciò, di condividere con i lettori gli eventi vissuti partendo proprio dal luogo dove risiedono i suoi patimenti. Ma ascoltiamo le parole del Poeta:

> *Ahi quanto a dir qual era è cosa dura*
> *esta selva selvaggia e aspra e forte*
> *che nel pensier rinova la paura!*
>
> *Tant'è amara che poco è più morte;*
> *ma per trattar del ben ch'i' vi trovai,*
> *dirò de l'altre cose ch'i' v'ho scorte.*[12]
> (Dante, *Inferno*, vv. 4-9)

Il Poeta non ci dice dove si trovi precisamente questo bosco così spaventoso, selvaggio, aspro e forte. Alcuni commentatori asseriscono si trovi vicino Firenze, altri pensano che si tratti dei Monti Cimini (Viterbo). L'unica certezza riguarda il momento in cui il Poeta si smarrisce, cioè in una notte di plenilunio, tra Giovedì e Venerdì Santo.
Tema centrale del canto è l'incontro tra Dante e Virgilio sul quale vorrei spendere due parole.
Il significato dell'incontro tra i due poeti è fondamentale per la comprensione del testo in quanto serve per capire molti passaggi da qui in avanti, oltre che svelare significati nascosti.

---

[12] "Ahimè, è difficile descrivere com'era quella foresta, selvaggia, inestricabile e tremenda, tale che al solo pensiero fa tornare la paura. È così spaventosa che la morte lo è poco di più: ma per descrivere il bene che vi trovai dentro, dirò quali altre cose ho visto in essa".

Nella *Divina Commedia* è presente e ricorrente una simbologia per cui Dante, in quanto battezzato, incarna le virtù della Croce, cioè dei precetti di Cristo, mentre Virgilio, in quanto autore dell'*Eneide* (e quindi del personaggio di Enea, eroe al quale viene attribuita la fondazione di Roma) rappresenta le virtù dell'Aquila, cioè dell'Impero. Abbiamo quindi

Dante = Croce = Cristo
Virgilio = Aquila = Impero.

Dobbiamo tenere a mente questa equazione perché ogni movimento, ogni azione, ogni personaggio potrebbero rimandare a questo schema ed è solo ricordandolo che riusciremo a trovare alla fine del percorso la chiave interpretativa della *Commedia*, cioè il vero significato del poema, come ci insegna appunto Luigi Valli. Non è una casualità, quindi, che il Dante autore abbia deciso di inserire come coprotagonista il Poeta Virgilio, che non rappresenta solo la sua guida, ma è l'altra faccia della medaglia che completa le virtù necessarie per intraprendere il periglioso viaggio:

Croce + Aquila
Cristo + Impero
Dante + Virgilio.

Così, rimanendo sempre insieme, nessuno potrà ostacolare il loro cammino che, per quanto difficile potrà essere, li porterà sempre a fare la scelta giusta.

Sempre all'interno di questo canto è presente la prima interessante profezia che l'autore fa per bocca di Virgilio e che merita un'attenzione particolare.

Nella *Commedia* compaiono diversi passaggi ambigui che si prestano a varie interpretazioni. Vediamo dunque uno tra i più interessanti ed enigmatici:

"A te convien tenere altro vïaggio",
rispuose, poi che lagrimar mi vide,
"se vuo' campar d'esto loco selvaggio;
ché questa bestia, per la qual tu gride,
non lascia altrui passar per la sua via,
ma tanto lo 'mpedisce che l'uccide;

e ha natura sì malvagia e ria,
che mai non empie la bramosa voglia,
e dopo 'l pasto ha più fame che pria.

Molti son li animali a cui s'ammoglia,
e più saranno ancora, infin che 'l veltro
verrà, che la farà morir con doglia.

Questi non ciberà terra né peltro,
ma sapïenza, amore e virtute,
e sua nazion sarà tra feltro e feltro.[13]
(Dante, *Inferno*, vv. 91-105)

Virgilio si riferisce all'arrivo di un *Veltro*, un cane probabilmente, che si nutre di *sapienza, amore e virtute* e che ucciderà la bestia che è causa dei mali dell'Italia intera: la lupa. Questo animale, insieme a una lonza e ad un leone, è una delle tre fiere che appaiono a Dante nella selva, e che rappresentano la cupidigia, la lussuria e la superbia, le quali sbarrano il

---

[13] «"Ti conviene intraprendere una strada diversa", rispose, dopo che mi vide piangere, "se vuoi uscire salvo da questo luogo selvaggio"; perché questa belva, a causa della quale tu gridi, non permette a nessuno di passare per la sua via, ma lo ostacola al punto tale da ucciderlo; e ha una natura così malvagia e colpevole, che non sazia mai la sua, che non riempie mai il suo incontenibile desiderio, e dopo aver mangiato ha più fame di prima. Sono molti gli uomini a cui si lega, e saranno sempre più numerosi, finché arriverà il Veltro, che la farà morire con dolore. Costui non si nutrirà di possedimenti, né di ricchezze, ma di sapienza, amore e virtù, e la sua origine sarà umile"».

cammino del Poeta come già detto nell'Introduzione alla cantica.

Molti critici hanno provato a identificare questo cane, questo Veltro, con un personaggio storico, ma nessuno ha dato risposta certa; probabilmente Dante ha voluto lasciare spazio alla libera interpretazione: la *Divina Commedia* è un testo "aperto", molti sono i passaggi ambigui che si prestano volutamente a diverse spiegazioni.

Questo discorso vale anche per la profezia del *cinquecento, diece e cinque*, che vedremo in seguito nella sezione dedicata al Purgatorio e che potrebbe avere un legame con il Veltro. Tale profezia si riferisce alla comparsa di qualcuno che ripristinerà l'ordine nella società: Dante spesso è misterioso quando parla di un "giustiziere", di qualcuno che risolverà una qualche situazione proprio perché ogni epoca ha i suoi eroi, ogni periodo storico è caratterizzato da guerre, santi e peccatori e non è possibile indicare oggi il nome di un personaggio che verrà in futuro. La storia ci insegna che a un periodo buio ne segue uno migliore, così Dante, a mio avviso, intende dire che le cose cambieranno in meglio e che verrà qualcuno (probabilmente un papa o un imperatore, *Croce* o *Aquila*, sappiamo solo che la sua origine sarà umile) che riporterà l'ordine nella società.

Il primo canto termina con un monologo di Virgilio che spiega a Dante che se vuole salvarsi deve seguirlo e attraversare con lui l'Inferno. Dante accetta di seguire il suo maestro, ma come vedremo in seguito avrà dei tentennamenti perché non è semplice trovare il coraggio per varcare la porta degli Inferi. Come già accennato, sarà la presenza di tre donne a dare coraggio al Sommo Poeta: senza di loro, Dante non sarebbe mai riuscito a raggiungere il Paradiso e questo è per noi uomini, se volete, la metafora stessa della vita.

Canto III
Ignavi e Caronte, il mostro dagli occhi di bragia

> Canto terzo, nel quale tratta de la porta e de l'entrata de
> l'Inferno e del fiume d'Acheronte, de la pena di coloro che
> vissero sanza opere di fama degne, e come il demonio Caron
> li trae in sua nave e come elli parlò a l'auttore; e tocca qui
> questo vizio ne la persona di papa Cilestino.[14]

Dante è ormai convinto ad avviarsi verso l'Inferno, confortato
dalla notizia che incontrerà il suo amore Beatrice e che il suo
viaggio è benedetto dallo sguardo dalla Vergine Maria e da Santa
Lucia.

> *Per me si va ne la città dolente,*
> *per me si va ne l'etterno dolore,*
> *per me si va tra la perduta gente.*
>
> *Giustizia mosse il mio alto fattore:*
> *fecemi la divina podestate,*
> *la somma sapienza e 'l primo amore.*
>
> *Dinanzi a me non fuor cose create*
> *se non etterne, e io etterno duro.*
> *Lasciate ogne speranza, voi ch'intrate.*
> (Dante, *Inferno*, vv. 1-9)

Le prime tre terzine del canto sono musica pura, anche se ad un
primo impatto possono risultare poco chiare, ma dà gusto
rileggere solo per sentire come suonano all'orecchio.

---

[14] G. Petrocchi (a cura di), *La Commedia secondo l'antica vulgata*, cit.

Lasciate ogne speranza, voi ch'intrate c'è scritto sulla porta dell'Inferno: una frase che, come molte altre, è entrata nel linguaggio comune. È bene ricordare che a Dante dobbiamo la creazione di moltissimi neologismi, parole che prima non esistevano, e che oggi utilizziamo senza conoscerne l'etimologia.

Ai due viandanti giungono agli orecchi suoni di sospiri e di gente che piange: il Sommo Poeta è così tanto sopraffatto da un senso di angoscia che, comprensibile, piange; si parla, infatti, di miliardi di anime che patiscono per la loro pena: si tratta degli ignavi, di coloro che non hanno mai preso una decisione nella vita, che *visser sanza 'nfamia e sanza lodo* (altra frase che, parafrasata, è entrata nel linguaggio comune), gli indecisi e di quegli angeli che non hanno prontamente scelto di stare dalla parte di Dio durante la ribellione di Lucifero.

Come si legge sul dizionario Treccani, l'ignavo è definito come un essere "pigro, indolente nell'operare per mancanza di volontà attiva e di forza spirituale; codardo". Sono dannati che nessuno vuole, anche l'Inferno li ripudia, tanto che Virgilio ammonisce Dante: *"Non ragioniam di lor, ma guarda e passa"*, cioè non perdiamoci neanche tempo con questi esseri che nessuno vuole, non ne vale la pena.

Tra i dannati Dante scorge un volto a lui noto, è papa Celestino V, che abdicò a favore di papa Bonifacio VIII, suo successore e nemico di Dante. L'autore accusa il pontefice di essere stato un vile e di aver lasciato il posto ad un papa sicuramente controverso: ecco spiegato il motivo per cui Celestino V nel poema dantesco è all'Inferno confinato tra gli ignavi.

Celebre è la terzina che raccoglie quanto appena detto:

> *Poscia ch'io v'ebbi alcun riconosciuto,*
> *vidi e conobbi l'ombra di colui*

che fece per viltade il gran rifiuto.[15]
(Dante, *Inferno*, vv. 58-60)

È evidente che la pena di questi spiriti codardi deve essere commisurata al loro peccato secondo la legge del contrappasso che regola le punizioni in base all'entità del peccato commesso. Gli ignavi sono pungolati da vespe e mosconi e camminano tra i vermi inseguendo un'insegna. Il contrappasso è evidente: così come in vita furono amorfi e pigri, negli Inferi sono costretti a muoversi, a correre seguendo una bandiera circondanti da vermi, vespe e mosconi, che sono gli animali tra i più ripugnanti, che rappresentano appunto il disgusto che Dante prova verso questi spiriti: prova, infatti, estremo ripudio per queste anime, in quanto per lui è inconcepibile non provare passioni nella vita, rimanendo passivi e amorfi ad ogni stimolo. Per questo confina questi dannati nell'Antinferno, non sono ritenuti degni di stare neanche con gli altri dannati: tutti ne provano disgusto.

A questo punto a qualcuno può sorgere una curiosità: ma cosa c'è raffigurato sulla bandiera che i dannati sono costretti a seguire? Il Poeta non ce lo dice, ma Luigi Valli ci propone una soluzione al mistero. Come accennato nel primo canto dell'Inferno, e al quale rimando se non letto, c'è una simbologia ricorrente nel testo dantesco: l'Aquila che rappresenta l'Impero e la Croce il simbolo di Cristo. In virtù di questa considerazione, è possibile immaginare che sull'insegna inseguita disperatamente gli ignavi ci sia raffigurata un'Aquila: così come non hanno mai preso parte alla *res publica*, alle questioni politiche e sociali del loro Paese, ora all'Inferno sono costretti a inseguire, per sempre, la raffigurazione di un'Aquila che simboleggia appunto l'Impero, uno qualsiasi, chiaro esempio questo di contrappasso.

---

[15] "Dopo che ebbi riconosciuto qualcuno di loro, vidi e riconobbi l'ombra di colui che per viltà fece il grande rifiuto".

I due protagonisti giungono alle rive del fiume Acheronte, dove incontrano il primo mostro infernale, Caronte, che come tutti gli esseri a guardia dei dannati è una figura minacciosa ma grottesca al tempo stesso. Eccolo che si rivela agli occhi del lettore in tutto il suo meraviglioso orrore, un aspetto terrificante e severo che incute timore

> [...] fosco, terribile, sinistro come il paesaggio sul quale si staglia,il vigoroso nocchiero sgomenta le anime per il modo deciso, violento, aggressivo (*batte col remo*, III 111), con cui interpreta e attua la giustizia di Dio.[16]

Caronte si manifesta come un vecchio con la barba bianca e gli occhi di brace che urla e mena i remi della barca sul corpo dei dannati.

> Il nome di Caronte viene dal greco Χάρων, si legge Chárōn, e significa"ferocia illuminata". Figlio di Erebo e Notte, una delle figure più antiche e primordiali della cultura greca. Presente anche in altre culture tra cui quella Etrusca, precedente alla greca, nella quale è chiamato Charun. Nelle culture di massa si può vedere Caronte come colui che si assicura del corpo senza vita dei gladiatori non graziati. Nel caso non fosse ancora sopravvenuta la morte per lo stesso, era Caronte stesso a finirlo con una mazza e col volto coperto da una maschera. E poi continuava nel suo compito di portarlo via, su un carro o su una barella, lo lasciava nello *spoliarium*, l'obitorio dell'anfiteatro, dove il corpo morto veniva spogliato da abiti e armatura.[17]

L'autore si inspira evidentemente al Caronte descritto nell'*Eneide* di Virgilio, in cui il mostro viene così presentato:

> Caronte custodisce queste acque e il fiume e, orrendo nocchiero, a cui una larga canizie invade il mento, si sbarrano

---

[16] *Caronte - Treccani.it*,
www.treccani.it/enciclopedia/caronte_%28Enciclopedia-Dantesca%29/, 10/04/2019.
[17] *Notizie.it*, www.notizie.it/caronte-traghettatore-anime/, 08/04/2019.

gli occhi di fiamma, sordido pende dagli omeri il mantello
annodato. [...] Egli, vegliardo, ma dio di cruda e verde
vecchiaia, spinge la zattera con una pertica e governa le vele e
trasporta i corpi sulla barca di colore ferrigno.[18]

Verosimilmente Dante lo introduce così nella *Commedia*:

> *Ed ecco verso noi venir per nave*
> *un vecchio, bianco per antico pelo,*
> *gridando: "Guai a voi, anime prave!*
> (Dante, *Inferno*, vv. 82-84)

e ancora

> *Quinci fuor quete le lanose gote*
> *al nocchier de la livida palude,*
> *che 'ntorno a li occhi avea di fiamme rote.*
> (Dante, *Inferno*, vv. 97-99)

Infine

> *Caron dimonio, con occhi di bragia*
> *loro accennando, tutte le raccoglie;*
> *batte col remo qualunque s'adagia.*
> (Dante, *Inferno*, vv. 109-111).

Caronte, da "bravo" mostro infernale, cerca di opporsi a Dante:
egli infatti non vuole che il Poeta salga sulla sua barca perché è
ancora vivo. Ricordo, infatti, che Dante compie il suo viaggio
da vivo e questa particolarità desterà sempre meraviglia in tutti
i personaggi incontrati.
Virgilio, tuttavia, mette a tacere Caronte (non ci dimentichiamo
che il viaggio è voluto da Dio e nessuno può fermare i due
viandanti): con poche e lapidarie parole, il Vate liquida i mostri
infernali, li tratta come tali, non sono né meglio né peggio dei

---

[18] A. Minisci, *Eneide. Guida alla lettura*, edizioni Alpha Test, Milano, 2006, p. 166.

dannati, sono loro stessi vittima del loro ruolo, aguzzini senza via di salvezza.

> *Caron, non ti crucciare:*
> *vuolsi così colà dove si puote*
> *ciò che si vuole, e più non dimandare.*
> (Dante, *Inferno*, vv. 94-96)

Questa la formula utilizzata da Virgilio per ammansire Caronte che si zittisce e adempie al suo dovere: traghettare i due dall'altra sponda del fiume. In realtà questa frase non ha molto senso se presa alla lettera, è una sorta di – passatemi il riferimento – "supercazzola" alla *Amici miei* di Monicelli: Virgilio non adduce una qualche motivazione a Caronte, ma gli dice semplicemente "esegui e zitto", questo a riprova di quanto detto prima, ossia che i mostri infernali sono tutto muscoli e niente cervello e basta un po' di astuzia per piegare la loro volontà.

Dante e Virgilio salgono sulla barca mentre i dannati urlano, battono i denti dalla paura, bestemmiano e maledicono i lor parenti: un comportamento folle e bestiale dettato dallo sgomento di ciò che li aspetta e dalla consapevolezza che non hanno più alcuna speranza di redenzione, destinati in eterno a soffrire.
Caronte, oltre a spaventare i dannati con il suo aspetto, li terrorizza ulteriormente ammonendoli che per loro non c'è più speranza di salvezza. Una scena terribile, in cui il mostro si avvicina alla riva del fiume con la sua imbarcazione, sbraita e mena i remi a destra e a manca, mentre i dannati urlano in preda al panico consci del fatto che per loro non c'è scampo.
Le parole che utilizza Dante rendono benissimo questa immagine, come fossero le pennellate che formano un quadro impressionista:

Ed ecco verso noi venir per nave
un vecchio, bianco per antico pelo,
gridando: "Guai a voi, anime prave!

Non isperate mai veder lo cielo:
i' vegno per menarvi a l'altra riva
ne le tenebre etterne, in caldo e 'n gelo.

E tu che se' costì, anima viva,
pàrtiti da cotesti che son morti".
(Dante, *Inferno*, vv. 82-89)

[...]

Ma quell'anime, ch'eran lasse e nude,
cangiar colore e dibattero i denti,
ratto che 'nteser le parole crude

Bestemmiavano Dio e lor parenti,
l'umana spezie e 'l loco e 'l tempo
e 'l seme di lor semenza e di lor nascimenti.

Poi si ritrasser tutte quante insieme,
forte piangendo, a la riva malvagia
ch'attende ciascun uom che Dio non teme
(Dante, *Inferno*, vv. 100-108)

Approdati sulla riva, un terremoto improvviso scuote la terra e Dante, terrorizzato, sviene. Molti criticano la scelta del Dante autore di far svenire il Dante protagonista (capiterà altre volte), additando questi passaggi come semplici *escamotage* per chiudere il canto; a mio avviso non è una trovata (il genio di Dante non ne aveva bisogno), ma un modo per sottolineare l'orrore che un uomo prova nel vivere un'esperienza del genere, nel luogo che per antonomasia è il più terrificante mai partorito da mente umana.

Termina così, dunque, il terzo canto dell'Inferno: in modo brusco, come se durante la visione di un film andasse via la corrente lasciando lo spettatore con il desiderio di riaccenderla per vedere cosa succede. Così fa Dante, che spinge il lettore a voltare pagina curioso di leggere come prosegue il racconto.

È doveroso, a questo punto, segnalare tre figure retoriche in particolare presenti nel terzo canto dell'Inferno, tra le molteplici della *Commedia*, poiché si prestano alla formulazione di un quesito la cui risposta è utile per la lettura interpretativa della medesima. Si tratta di tre perifrasi, ossia di una serie di parole utilizzate per descrivere un termine specifico.

Nei versi cinque e sei troviamo:

- *divina podestate*, perifrasi per indicare Dio Padre,
- *somma sapienza*, perifrasi per indicare Dio Figlio,
- *primo amore*, perifrasi per indicare Dio Spirito Santo.

A ben riflettere, è interessante notare come nell'Inferno nessuno nomini direttamente il nome di Dio. Nessuno osa farlo, finché verrà un personaggio che proverà ad infrangere questa regola, ma, come vedremo, gli succederà qualcosa di veramente incredibile...

Canto IX
Il Messo Celeste, l'eroe inviato dal Cielo

> Canto nono, ove tratta e dimostra de la cittade c'ha nome Dite, la qual si è nel sesto cerchio de l'Inferno e vedesi messa la qualità de le pene de li eretici; e dichiara in questo canto Virgilio a Dante una questione, e rendelo sicuro dicendo sé esservi stato dentro altra fiata.[19]

Questo canto è forse uno tra i più avvincenti, belli e affascinanti, ricco di *suspense*, denso di avventura e colpi di scena.

Davanti ai nostri occhi si manifesta uno spettacolo apocalittico, che rapisce il lettore e lo rende desideroso di girare pagina, di andare avanti nel racconto; anche questa è la grandezza dell'autore che nel 1300 è riuscito a scrivere un libro precursore di tutte le letterature successive.

I due protagonisti si trovano davanti la terribile Dite, una città di color rossastro, che ha fattezze islamiche, con moschee, torri e mura arroventate dal fuoco. Completamente circondata dalla palude Stigia, la città è difesa dai diavoli (tra cui le tre Furie e Medusa). Uno spettacolo veramente impressionante!

All'interno delle mura, uno stuolo di demòni reagisce con stizza e ira alla vista del

> [...] viaggiatore che osa avventurarsi da vivo nel regno dell'Oltretomba, ed essi si oppongono al passaggio dei due poeti non diversamente dalle altre figure diaboliche fin qui incontrate, minacciando addirittura di trattenere lì Virgilio e obbligare Dante a tornare da solo sui suoi passi (la reazione del Poeta è di autentico terrore, tanto che giunge a proporre al

---

[19] G. Petrocchi (a cura di), *La Commedia secondo l'antica vulgata*, cit.

maestro di porre fine anzitempo al viaggio). Tale timore è in parte giustificato, poiché in questo caso non basterà l'intervento di Virgilio come allegoria della ragione umana, ma si renderà necessario l'arrivo di un messo celeste che avrà la funzione di eliminare l'ostacolo e rimproverare aspramente i diavoli della loro sterile opposizione.[20]

Siamo giunti ad uno dei passaggi più controversi e dibattuti del poema: la presenza del Messo Celeste. È proprio su questo personaggio che da centinaia di anni gli studiosi discutono cercando di dargli un volto, attribuendogli taluni le fattezze di un angelo, altri di Perseo o altri ancora di un qualche contemporaneo di Dante. Ma cerchiamo di fare un po' di chiarezza.

Dante e Virgilio sono a cospetto della città di Dite e il tentativo del Vate di oltrepassare le mura convincendo i diavoli è fallito. La situazione non è delle migliori: Dante è vivo e prova paura, vede i mostri, le Erinni che urlano e si squarciano il petto con le unghie, i diavoli che fanno smorfie orribili. Il Poeta capisce che Virgilio da solo non riesce a superare questo ostacolo, la sua guida ha già fallito e questo è fonte di preoccupazione per Dante che si trova lì in carne ed ossa, impotente, al cospetto di cotanto orrore. L'autore a questo punto ammonisce i lettori che dovranno ben interpretare l'allegoria che si cela sotto i suoi versi sibillini: il messaggio dantesco è dunque celato, nascosto, non di ovvia interpretazione.

Questa prima considerazione (insieme alla descrizione che Dante autore fa del Messo Celeste, che non viene nobilitato, come meriterebbe, con un'irradiazione divina), ci fa scartare l'ipotesi che si tratti di un angelo, anche se molti studiosi lo associano proprio con un angelo, talvolta con l'Arcangelo Gabriele, e questa identificazione angelica si ritrova in quasi tutti i volumi sul poema dantesco.

---

[20] *La Divina Commedia*,
https://divinacommedia.weebly.com/inferno-canto-viii.html, 11/04/2019.

A nostro parere tale interpretazione potrebbe non essere la più idonea, leggiamo infatti cosa dice Dante in merito:

E già venia su per le torbide onde
un fracasso d'un suon, pien di spavento,
per cui tremavano amendue le sponde,

non altrimenti fatto che d'un vento
impetuoso per li avversi ardori,
che fier la selva e sanz'alcun rattento

li rami schianta, abbatte e porta fori;
dinanzi polveroso va superbo,
e fa fuggir le fiere e li pastori.

Li occhi mi sciolse e disse: "Or drizza il nerbo
del viso su per quella schiuma antica
per indi ove quel fummo è più acerbo".

Come le rane innanzi a la nimica
biscia per l'acqua si dileguan tutte,
fin ch'a la terra ciascuna s'abbica,

vid'io più di mille anime distrutte
fuggir così dinanzi ad un ch'al passo
passava Stige con le piante asciutte.

Dal volto rimovea quell'aere grasso,
menando la sinistra innanzi spesso;
e sol di quell'angoscia parea lasso.

Ben m'accorsi ch'elli era da ciel messo,
e volsimi al maestro; e quei fé segno
ch'i' stessi queto ed inchinassi ad esso.
Ahi quanto mi parea pien di disdegno!

> *Venne a la porta, e con una verghetta*
> *l'aperse, che non v'ebbe alcun ritegno.*[21]
> (Dante, *Inferno*, vv. 64-90)

Probabilmente un angelo che entra all'Inferno provocherebbe un cataclisma, sarebbe qualcosa di veramente incredibile, in quanto gli angeli sono irradiazioni di Dio e come tali nemmeno concepibili all'Inferno. Ricordo che sempre nella *Divina Commedia*, Virgilio spiega che quando Gesù Cristo entrò all'Inferno per prendere e portare con sé in Paradiso le anime dei suoi avi non battezzati perché vissuti prima della sua venuta e che come tali rilegate nel Limbo, il suo ingresso provocò un violento terremoto che squarciò tutto l'Inferno. Per analogia anche un angelo provocherebbe qualcosa del genere. La descrizione invece generica che ci fornisce Dante è quella di un Messo Celeste che cammina sull'acqua senza bagnarsi i piedi, togliendosi il fumo dal volto e provando disprezzo (nessuno sarebbe contento di dover scendere all'Inferno). L'ingresso di

---

[21] «E già stava giungendo [già venìa] lungo l'acqua fangosa [su per le torbide onde] un suono fragoroso [un fracasso d'un suon], spaventoso [pien di spavento], per cui le rive opposte [ambedue le sponde (dello Stige)] tremavano, non diverso [non altrimenti fatto] da quello di un turbine [vento] impetuoso per l'incontro tra masse d'aria di diversa temperatura [per li avversi ardori], che colpisce [fier] la selva e senza alcun ostacolo [rattento] schianta i rami, li abbatte e li scaglia lontano [porta fori]; solleva superbamente la polvere davanti a sé, e fa fuggire animali [fiere] e uomini [pastori]. [Virgilio] mi tolse le mani [mi sciolse] dagli occhi e disse: "Ora dirigi [drizza] l'acume della vista [il nerbo del viso] sulla schiumosa superficie della palude antica [su per quella schiuma antica], verso quella parte [per indi] in cui il fumo è più fastidioso [acerbo]". Come le rane, di fronte alla biscia, loro naturale avversario [nimica], si dileguano tutte per l'acqua, finché ciascuna [per mimetizzarsi] si rannicchia su se stessa [s'abbica] nel fondo [a la terra], così io vidi moltissimi [più di mille] dannati [anime distrutte] fuggire dinanzi al Messo celeste [un], che camminando passava lo Stige con i piedi [piante] asciutti. Scacciava [rimovea] dal volto quel fumo denso [aere grasso], muovendo [menando] spesso la mano sinistra; e sembrava affaticato [lasso] solo a causa di questo fastidio [angoscia]. Mi accorsi senza dubbio che questi era un angelo mandato [messo] dal cielo, e mi rivolsi al maestro; ed egli mi fece segno di tacere [ch'i' stessi queto] e di inchinarmi a lui. Quanto sdegnoso mi sembrava! Andò presso la porta e l'aprì con una verghetta, in modo tale che [che] non ebbe nessuna resistenza [ritegno]».

questa figura nel regno della perdizione provoca sì un suono fragoroso, un turbine – si fa notare insomma, potremmo dire – ma questa descrizione può benissimo adattarsi anche ad altri personaggi che, qualora entrassero all'Inferno, provocherebbero eventi atmosferici notevoli. In parole povere, di certo non passerebbero inosservati.

Infine, specifico che per Messo Celeste si intende semplicemente *un inviato di Dio*, il che non implica si tratti necessariamente di un angelo.

Quando tutto sembra volgere al peggio, arriva quindi in aiuto di Virgilio – non di Dante, ma di Virgilio ricordiamolo – questa non meglio identificata creatura. Sempre secondo la teoria di Valli – Dante = Croce = Cristo e Virgilio = Aquila = Impero – molto probabilmente il Messo Celeste non è altro che *Enea*.

Perché proprio lui?

Perché è Virgilio (allegoria dell'Impero) che è in difficoltà per non essere riuscito a convincere i demòni ad aprire le porte della città, e chi se non proprio l'eroe Enea, sua creatura, fondatore di Roma, culla del diritto e della civiltà e Impero per eccellenza, può aiutare Virgilio a raggiungere il suo obiettivo? Enea in questo contesto è, potremmo eufemisticamente dire, un "Virgilio al quadrato", che arriva in soccorso del suo ideatore nel momento del bisogno. Sicuramente un eroe del calibro di Enea scatenerebbe vento, terremoti, provocherebbe un fragore assordante, desterebbe scalpore nei dannati che fuggirebbero spaventati, e ciò rispecchia la descrizione che fornisce l'autore.

Il "presunto" Enea, inoltre, apre le porte della città di Dite con una *verghetta*, un ramoscello, lo stesso utilizzato nell'*Eneide*, analogia questa sicuramente non trascurabile e non casuale. Il senso della verghetta è chiaro: un inviato celeste non necessita di una spada, ma gli basta un semplice ramoscello per ottenere ciò che vuole; così come i mostri infernali sono piegati dall'intelligenza di Virgilio, così la porta si apre per mano di un eroe grandioso che non ha bisogno di cimentarsi in atti di forza, ma a cui è sufficiente un gesto semplice per aprire la porta della città di Dite. L'inviato di Dio piega l'inferno senza armi, è superiore ai mostri e ai diavoli che lo circondano che, sapendo di non poter competere, si nascondono intimoriti.

Canto XIII
La selva dei suicidi, un luogo orribile dal quale è possibile fuggire

> Canto XIII, ove tratta de l'esenzia del secondo girone ch'è nel settimo circulo, dove punisce coloro ch'ebbero contra sé medesimi violenta mano, ovvero non uccidendo sé ma guastando i loro beni.[22]

Questo canto meriterebbe un libro a sé. È forse il capolavoro di tutta la *Commedia*: molteplici figure retoriche, stile unico, ritmo, importanza dell'argomento trattato, riflessioni, ambientazioni, personaggi incredibili... ha tutte le caratteristiche per essere incoronato come uno dei canti più belli del poema. Insomma, se fosse stato un *film*, avrebbe di certo fatto incetta di premi Oscar, lasciando i concorrenti a mani vuote.

Argomento del canto è il suicidio, inteso sia come privazione del bene massimo, la vita, sia come suicidio dei beni terreni ad opera degli scialacquatori. Personaggio principale del canto è Pier delle Vigne, notaio alla corte di Federico II di Svevia, che probabilmente si uccise dopo essere stato imprigionato per tradimento.

Il suicidio fisico ha una connotazione estremamente tragica e misteriosa: non si può giudicare chi compie l'estremo gesto, anche Dante stesso prova qui un'estrema pietà per questi peccatori; l'unica certezza è che il suicidio è l'espressione del fallimento della società, un atto folle che rappresenta la sconfitta dell'essere umano nella sua connotazione più alta (inteso come *homo sapiens*, "uomo sapiente"). Come ha notato il sociologo Émile Durkheim, esiste una predisposizione psicologica di certi

---

[22] G. Petrocchi (a cura di), *La Commedia secondo l'antica vulgata*, cit.

individui al suicidio, ma la forza che determina il suicidio non è psicologica, bensì sociale. Così anche Pier delle Vigne decide di suicidarsi a causa dell'invidia dei cortigiani che lo avevano screditato agli occhi del suo amato imperatore, che perse la fiducia verso di lui facendolo arrestare. La società risulta perciò complice del suicida: questo sembra rientrare nel concetto di *anomia* espressa da Durkheim, intesa come uno stato di cambiamento tra le aspettative normative e la realtà vissuta. Questa asimmetria porterebbe il soggetto ad uno stato di alienazione che sfocerebbe nell'estremo gesto.

Per la Chiesa Cattolica ciascuno è responsabile della propria vita davanti a Dio che gliel'ha donata. Dante si rifà ai precetti cristiani e immagina per i dannati suicidi un contrappasso in cui vengono depauperati del corpo come del loro corpo si sono privati in vita. Infatti, secondo la Chiesa Cattolica,

> [...] siamo amministratori, non proprietari della vita che Dio ci ha affidato. Non ne disponiamo. Il suicidio contraddice la naturale inclinazione dell'essere umano a conservare e a perpetuare la propria vita. Esso è gravemente contrario al giusto amore di sé. Al tempo stesso è un'offesa all'amore del prossimo, perché spezza ingiustamente i legami di solidarietà con la società familiare, nazionale e umana, nei confronti delle quali abbiamo degli obblighi. Il suicidio è contrario all'amore del Dio vivente. Gravi disturbi psichici, l'angoscia o il timore grave della prova, della sofferenza o della tortura possono attenuare la responsabilità del suicida.[23]

Il valore della vita è così importante per i Cattolici tanto che per alcuni di loro Giuda è maggiormente colpevole per essersi suicidato piuttosto che per aver tradito Gesù Cristo; è pur vero, tuttavia, che nessuno sa se il suicida un secondo prima di morire si sia pentito, diventa quindi complicato stabilire la sua effettiva colpevolezza, anche perché, come ci ricorda il testo sopra citato,

---

[23] *Catechismo della Chiesa Cattolica*,
www.vatican.va/archive/catechism_it/p3s2c2a5_it.htm, 12/04/2019.

disturbi psichici o stati di angoscia possono attenuare la responsabilità del suicida.

Questo stesso ragionamento vale anche per Pier delle Vigne, che potrebbe patire per una colpa che non ha; non vi è, inoltre, certezza sul suo decesso, il suicidio è solo una supposizione, ma tanto basta a Dante per confinarlo all'Inferno, nella *selva dei suicidi*.

Anche qui torna la selva che chiaramente rimanda alla selva oscura dell'inizio del viaggio. È interessante notare che Dante, dalle due selve oscure e terribili, riesce ad uscirne da vivo. L'autore vuole dirci che è possibile oltrepassare anche la selva dei suicidi, magari con la giusta guida, come lo è stata Virgilio per Dante, che ha fornito al suo allievo l'appiglio, e dunque la forza, di andare avanti (ovvero la promessa che Beatrice lo attende in Purgatorio).

Pier delle Vigne, probabilmente, si è sentito isolato, senza più amici, solo contro tutti. Sembra essere proprio la solitudine una delle cause del suicidio come stabilito secoli più tardi dallo stesso Durkheim, che trova una forte incidenza di suicidi tra gli scapoli, i divorziati e i vedovi piuttosto che tra gli sposati.

Ma al di là di certi ragionamenti, quel che appare evidente è che tutti i dannati suicidi, compreso Pier delle Vigne, darebbero tutto l'universo per tornare a godere per un secondo soltanto della luce del sole e fuggire per un istante dall'Inferno.

Marzullo domandava: "Suicidarsi è la paura di vivere o il coraggio di morire?". Ovviamente è una domanda retorica, nessuno può fornire una risposta "giusta", quel che è certo è che Dante tra le righe ci dice che il suicidio non è la soluzione ai problemi. Bisogna affrontare le proprie remore, le proprie incertezze, i propri mostri e cercare una soluzione; egli ce l'ha fatta, ha superato le due selve oscure che sono il luogo dove risiedono le paure e i pensieri più reconditi, dove si rischia di rimanere intrappolati, rinchiusi in una spirale claustrofobica che spinge il soggetto verso il basso togliendogli il respiro.

La *Divina Commedia* è un inno alla vita in cui l'autore si mette a nudo davanti ai nostri occhi e ci mostra di essere fragile, umano, ci scuote le spalle e ci dice: "Svegliati, che la vita è bella e, se cadi, rialzati e va' avanti. Ti ricordo che io, nonostante fossi un peccatore, alla fine ho visto Dio!".

Questo canto apre a moltissime interpretazioni, tuttavia a mio avviso è questo il messaggio che vuole comunicarci l'autore e che desidero sottolineare: dall'Inferno si può uscire e la vita va goduta a pieno, ovviamente nei limiti del lecito. Certo, parlare è semplice, ma a volte anche le parole hanno la loro forza, ragion per cui Dante ci ha donato la sua opera che è un rimedio naturale ai tanti mali moderni.

Dante e Virgilio si ritrovano in questa selva tremenda, dopo aver attraversato un fiume bollente (paragonato al Bullicame di Viterbo) e aver oltrepassato il girone dei violenti in groppa ai terribili centauri, metà uomini e metà cavalli.

Il canto si apre con un'*anafora*, una figura retorica volta a ripetere una o più parole all'inizio di frasi o di versi successivi, per sottolineare un'immagine o un concetto. Dante, attraverso il suo utilizzo, vuole evidenziare la negazione: come tu suicida, in vita, hai negato il tuo corpo, io scrittore utilizzo quasi ossessivamente la parola *non* che rappresenta la negazione linguistica per eccellenza:

- *non* era ancor di là Nesso arrivato,
- *non* fronda verde, ma di color fosco;
- *non* rami schietti, ma nodosi e 'nvolti;
- *non* pomi v'eran, ma stecchi con tòsco:
- *non* han sì aspri sterpi né sì folti.

Ancora una volta Dante fa coincidere il suono ed il significato delle parole con l'argomento del canto. Sta descrivendo la fine del canto precedente, cioè sta dicendo che quando il centauro Nesso non era ancora arrivato sull'altra sponda dopo averli depositati a riva (del Flegetonte), loro due, Dante e Virgilio, si erano già incamminati attraverso un bosco in cui non è presente nessun sentiero. Le foglie non sono verdi, ma di colore scuro; i rami non sono lisci, ma nodosi e contorti; non ci sono frutti, ma spine velenose. Quelle belve selvagge (i cinghiali) che in Maremma, tra Cecina e Corneto (l'attuale città di Tarquinia), evitano i luoghi abitati, non hanno sterpi così aspri né così intricati. L'autore scrive di una nuova selva, descritta come un luogo terribile ed impervio forse anche peggiore di quella iniziale perché lì non c'è alcun sentiero. In questo bosco lugubre ci vivono le *Arpie*, creature mostruose, con viso di donna e corpo d'uccello. Hanno grandi ali, collo e volto umani, zampe artigliate e un gran ventre piumato; emettono lamenti su degli strani alberi. Uno scenario raccapricciante e minaccioso.

A questo punto Dante ode lamenti provenire da ogni parte, ma non vedendo nessuno, allora si ferma, confuso. Ricordo che Dante è vivo nel regno del buio eterno e che il lettore deve immedesimarsi nei suoi panni e credere che egli abbia compiuto realmente il divino viaggio.

L'autore utilizza ora un'altra figura retorica, il *poliptoto*, che consiste nel "ripetere una parola già usata a breve distanza, modificandone il caso (o, nelle lingue non flessive, la funzione sintattica), il genere, il numero, il modo e il tempo"[24].

> *Cred'io ch'ei credette ch'io credesse*
> *che tante voci uscisser, tra quei bronchi*
> *da gente che per noi si nascondesse.*[25]
> (Dante, *Inferno*, vv. 25-27)

Ma come mai Dante utilizza proprio questa figura retorica? Egli avrebbe potuto scrivere in 100 altri modi quello che aveva da dire: prediligendo questa figura retorica, tuttavia, ci comunica le caratteristiche comportamentali dei dannati, i dubbi che hanno

---

[24] *Poliptoto - Treccani.it*, www.treccani.it/enciclopedia/poliptoto, 15/04/2019.
[25] "Io credo che Virgilio credette che io credessi che tra quei cespugli uscissero tante voci, emesse da anime che si nascondevano da noi".

prima di compiere l'estremo gesto, e lo fa utilizzando appunto una figura retorica che si presta per l'effetto desiderato. *Cred'io ch'ei credette ch'io credesse*: è un dubbio all'ennesima potenza, al pari di quello che probabilmente anche i suicidi hanno avuto prima di compiere l'estremo gesto. In questo modo rimarca ciò di cui sta parlando, emotivamente: dubbio, incertezza, paura; le parole rispecchiano a pieno il contenuto del canto.

Dante crede che dietro quei cespugli vi siano nascosti alcuni dannati, ma Virgilio, intuendo i suoi pensieri e sapendo che egli si sbaglia, lo esorta a *spezzare qualche ramoscello*. Spezzare: anche questo verbo non è casuale, tutto il canto esprime rottura (i suicidi "spezzano la vita") e qui Virgilio dice a Dante di spezzare un ramoscello che, come vedremo, è tutto ciò che rimane a queste anime.

Dante è terrorizzato ma esortato da Virgilio spezza un pezzetto di ramoscello e succede qualcosa di incredibile, la pianta, infatti, esclama: *"Perché mi schiante?"* (Perché mi spezzi?).

Dante sente un grido umano provenire dalla pianta dalla quale esce sangue: è incredibile, stenta a crederci. E ancora: *"Perché mi scerpi? / non hai tu spirto di pietade alcuno?"*[26] (Dante, *Inferno*, vv. 35-36).

Il verso *"Non hai tu spirto di pietade alcuno?"* raccoglie ed esterna a pieno il concetto di umanità: solo un essere umano può richiamare al concetto di pietà, è chiaro quindi che le piante sono gli uomini che per contrappasso ora sono trasformati in alberi. Così come in vita ti sei disfatto del corpo, qui ne sei privato, sei solo una semplice pianta secca.

Più in basso l'anima dichiara apertamente ciò che furono e cosa sono adesso:

> *Uomini fummo, e or siam fatti sterpi:*
> *ben dovrebb'esser la tua man più pia,*

---

[26] «"Perché mi laceri? Non hai alcuno spirito di pietà?"».

se state fossimo anime di serpi".[27]
(Dante, *Inferno*, vv. 37-39)

Dante ha ora una stretta al cuore: dal ramo rotto escono insieme parole e sangue, come se gli avesse spezzato un dito; sopraffatto da un sentimento di pietà che qui prova per queste anime, resta impietrito. Virgilio esorta il dannato ad esporre a Dante qualcosa sulla sua vita, in modo da rimediare al dolore che gli hai provocato spezzandogli un ramo. È ovvio che Virgilio ha suggerito a Dante di spezzare un ramo non per sadismo, ma perché solo vedendo con i propri occhi, Dante avrebbe creduto alla storia degli uomini tramutati in albero. Ora, per scusarsi, Virgilio dice all'anima sciagurata che se vuole può parlare affinché Dante riferisca di lui una volta tornato sulla Terra. L'anima accetta e si presenta così:

> *Io son colui che tenni ambo le chiavi*
> *del cor di Federigo, e che le volsi,*
> *serrando e diserrando, sì soavi,*
>
> *che dal secreto suo quasi ogn'uom tolsi:*
> *fede portai al glorioso offizio,*
> *tanto ch'i' ne perde' li sonni e 'polsi*[28]
> (Dante, *Inferno*, vv. 58-63)

Anche qui troviamo insistente la negazione, il dannato non fa direttamente il proprio nome, lo nega come suicidandosi ha rifiutato (negato) il suo corpo, ma è comunque chiaro dalla descrizione che si tratti di Pier delle Vigne. Lo spirito spiega poi

---

[27] "Fummo uomini, e adesso siamo diventati cespugli: la tua mano sarebbe certamente più pietosa, se anche fossimo state anime di serpenti".

[28] "Io sono colui che tenne entrambe le chiavi del cuore di Federico II, e che le usai così bene nel chiudere e nell'aprire che esclusi dai suoi segreti quasi tutti (divenni il suo più fidato consigliere): fui fedele al mio alto incarico, al punto che persi per questo la pace e la vita".

la causa che lo spinse a togliersi la vita e dopo, spronato da Virgilio e su richiesta di Dante, inizia a parlare di ciò che egli desidera.

Pier delle Vigne racconta che quando l'anima feroce (del suicida) si separa dal corpo dal quale si è staccata, Minosse (il giudice infernale che decide il destino dei dannati) la manda al Settimo Cerchio. Cade nella selva e non finisce in un punto prestabilito, ma dove il caso la scaglia: lì germoglia come un seme, cresce come un arbusto o una pianta selvatica. Le Arpie, poi, nutrendosi delle sue foglie, gli provocano dolore e aprono i fori attraverso i quali il dolore fuoriesce. Come le altre anime, anche i suicidi andranno a riprendere i propri corpi il giorno del Giudizio, ma non per rivestirsene: infatti non è giusto riavere ciò che ci si è tolti. I corpi verranno portati dai dannati nella selva ed appesi ognuno al proprio albero, sui loro stessi rami, a monito del loro scellerato gesto: un'immagine tragica che suscita nel lettore un sentimento di pietà per questi sciagurati che tanto hanno sofferto nella vita e tanto soffrono all'Inferno, come se si trattasse di un continuo contrappasso nel contrappasso, dal quale nessuno ha scampo.

A questo punto, però, Dante descrive un vero e proprio effetto scenico, come se durante la registrazione di un film la telecamera si girasse improvvisamente ed inquadrasse tutt'altro sancendo il termine di quell'episodio. L'autore sposta, infatti, ora l'attenzione su due dannati che stanno correndo inseguiti da cagne nere che acciuffano e dilaniano l'anima che tra le due si era nascosta tra alcuni cespugli (*e quel dilaceraro a brano a brano*, le ripetute *r* sembrano i morsi che le bestie danno allo sventurato).

Ma chi sono costoro?

L'autore ancora non lo rivela, ma si tratta di Lano da Siena e Iacopo da Sant'Andrea, due *scialacquatori*. Quasi ce lo siamo dimenticati, ma il canto tratta sia dei suicidi sia degli scialacquatori, coloro i quali compiono il suicidio dei beni materiali, coloro che disperdono ciò che hanno.

L'arrivo sulla scena degli scialacquatori Lano da Siena e
Iacopo da Sant'Andrea non attenua la raffinatezza stilistica del
Canto, poiché Dante li introduce con la similitudine della
caccia al porco, cioè al cinghiale (quindi di ambito
nuovamente venatorio) e con una serie di insistite allitterazioni
che ne riproducono il rumore nella boscaglia (*similemente...
sente 'l porco... posta... bestie... frasche stormire*)[29].

Sembra di sentire la confusione che provocano questi dannati
che, mentre scappano, si ingarbugliano tra i rami.

Mi piace chiudere questa spiegazione del canto con un aneddoto
che riguarda Iacopo da Sant'Andrea, personaggio noto
dell'epoca poiché molto ricco, famoso anche per aver sperperato
l'immensa fortuna lasciatagli dai genitori. Riporto questa storia
perché è surreale ma vera allo stesso tempo e la si può trovare
su molti documenti dell'epoca che narrano l'accaduto.

Cronache reali quindi, non leggende, narrano che Iacopo da
Sant'Andrea una sera diede una festa in un paese vicino Padova,
ma gli invitati avevano problemi a raggiungere questo posto
perché si trovava in aperta campagna. A questo punto Iacopo
pensò bene di incendiare alcuni casolari di sua proprietà tra
Padova ed il luogo della festa per segnalare ai suoi amici il
percorso da seguire: "Seguite i fuochi che trovate la festa!". Vi
rendete conto? Lo sperpero senza ritegno, questo rende bene il
senso del termine *scialacquare* ed il motivo per cui il Poeta
utilizzi Iacopo come rappresentante perfetto della categoria.

---

[29] *La Divina Commedia*, https://divinacommedia.weebly.com/inferno-canto-xiii.html, 16/04/2019.

Canto XV
L'anatema contro i fiorentini. Brunetto Latini, amico e maestro di Dante

> Canto XV, ove tratta di quello medesimo girone e di quello medesimo cerchio; e qui sono puniti coloro che fanno forza ne la deitade, spregiando natura e sua bontade, sì come sono li soddomiti.[30]

Dante e Virgilio si trovano nel III Girone del VII Cerchio, dove sono puniti i violenti contro Dio.

I due poeti si sono ormai allontanati dalla selva a tal punto che Dante non riesce più a vederla; improvvisamente scorge un gruppo di anime (*sodomiti*) che si avvicinano all'argine e guardano i due come si osserva qualcuno in una notte di novilunio, stringendo gli occhi come fanno i vecchi sarti quando devono infilare l'ago nella cruna. Lì Dante incontra Brunetto Latini, personaggio noto dell'epoca, notaio e suo maestro, per il quale il Poeta prova un profondo senso di rispetto e compassione nel vederlo agli Inferi. Ricordo che Dante distingue sempre il peccato dal peccatore, egli, infatti, prova compassione per *ser Brunetto* in quanto suo amico, ma non osa mettere in dubbio la correttezza della pena in quanto voluta dalla Giustizia Divina e quindi incontrovertibile.

Ma come mai Dante sceglie proprio Brunetto Latini?

Lo sceglie perché fu un personaggio famoso in tutta Firenze all'epoca, celebre per i suoi vizi e per le sue virtù, come descritto da Giovanni Villani, mercante, storico e cronista italiano, morto qualche decennio dopo la dipartita del Latini:

---

[30] G. Petrocchi (a cura di), *La Commedia secondo l'antica vulgata*, cit.

> Nel detto anno 1294 morì in Firenze un valente cittadino, il
> quale ebbe nome Brunetto Latini... Fu mondano uomo, ma di
> lui avemo fatto menzione, perocché egli fu cominciatore e
> maestro digrossare i fiorentini e farli scorti in bel parlare, e in
> sapere guidare e reggere la nostra repubblica secondo la
> politica.[31]

Valente cittadino, maestro, ma anche uomo mondano: tutta
Firenze conosceva questo personaggio che nella *Commedia* è
chiamato a rappresentare i peccatori sodomiti. Inoltre, Brunetto,
fiorentino doc, è utilizzato dall'Alighieri come pretesto per
aprire una polemica verso la città di Firenze ed i suoi abitanti,
descrivendoli come gente avara, invidiosa e superba. Dante
spesso prende spunto da un personaggio o da una situazione per
estendere il discorso. Brunetto, quindi, è l'espediente ideale:
uomo pubblico molto noto, conosciuto per i suoi vizi e per le
sue virtù delle quali si ricordano anche le generazioni future.
Come evidenziato da Petrocchi e Giannantonio nel volume
Questioni di critica dantesca: "Brunetto assolve un duplice
compito: da una parte è un monito probante – probante proprio
per la sua grandezza e la sua fama – a distogliere dal peccato di
sodomia", dall'altra rappresenta per Dante il giusto espediente
per scagliare la sua invettiva verso i fiorentini, dai quali, pur
essendo loro concittadino, prende nettamente le distanze.
Leggiamo insieme le terzine che descrivono il popolo di
Firenze:

> *Ma quello ingrato popolo maligno*
> *che discese di Fiesole ab antico,*
> *e tiene ancor del monte e del macigno,*

> *ti si farà, per tuo ben far, nimico:*
> *ed è ragion, ché tra li lazzi sorbi*
> *si disconvien fruttare al dolce fico.*

---

[31] G. Villani, *Nova Cronica*, Bartholomeo Zanetti, Venezia, 1537, p. 99.

Vecchia fama nel mondo li chiama orbi;
gent'è avara, invidiosa e superba:
dai lor costumi fa che tu ti forbi.

La tua fortuna tanto onor ti serba,
che l'una parte e l'altra avranno fame
di te; ma lungi fia dal becco l'erba.

Faccian le bestie fiesolane strame
di lor medesme, e non tocchin la pianta,
s'alcuna surge ancora in lor letame,

in cui riviva la sementa santa
di que' Roman che vi rimaser quando
fu fatto il nido di malizia tanta" [32]
(Dante, *Inferno*, vv. 61-78)

Nonostante l'astio del Poeta verso i suoi concittadini definiti addirittura bestie e nonostante la condotta viziosa del Latini che lo ha portato all'Inferno macchiato del peccato di sodomia, questo canto è un inno all'amicizia, una parentesi di tenerezza in un luogo così aspro.
Il Latini riconosce Dante suo amico e allunga il braccio come se volesse tirarlo a sé. Ser Brunetto cammina all'interno di una schiera di sodomiti sebbene egli sia bruciato dalle fiamme infernali. I sodomiti, infatti, corrono sotto una pioggia di fuoco,

---

[32] "Ma quell'ingrato e maligno popolo che è disceso anticamente da Fiesole (i Fiorentini) e conserva ancora la rozzezza dei montanari, diventerà tuo nemico per le tue buone azioni: e ne ha ben donde, poiché non è opportuno che il dolce fico nasca tra i frutti agri. Un vecchio proverbio li definisce ciechi; è gente avara, invidiosa e superba: cerca di preservarti dai loro costumi. La tua fortuna ti riserva tanto onore che entrambe le parti (Bianchi e Neri) vorranno sfogare il loro odio contro di te, ma l'erba sarà lontana dal caprone. Le bestie di Fiesole (Fiorentini) si divorino tra loro e non tocchino la pianta, ammesso che ne nascano ancora nel loro letame, in cui rivive la santa semenza di quei Romani che restarono a Firenze quando fu fondato il nido di tanta malvagità".

condannati a non fermarsi mai, se non vogliono per punizione essere inchiodati al suolo per cent'anni senza potersi proteggere dalle fiamme. E Brunetto, come gli altri dannati, patisce sotto il fuoco infernale col volto bruciato e quasi irriconoscibile. Dante utilizza una frase che rende bene l'idea di quanto egli sia sorpreso di trovare il Latini, suo amico, in quel luogo:

> *E io, quando 'l suo braccio a me distese,*
> *ficcai li occhi per lo cotto aspetto,*
> *sì che 'l viso abbrusciato non difese*
> (Dante, *Inferno*, vv. 25-27)

Ficcai li occhi scrive quindi l'autore, a Dante quasi gli escono gli occhi dalle orbite per guardare meglio se il dannato è veramente il suo grande amico e maestro Brunetto Latini al quale è estremamente legato.

Dante ha parole di profonda riverenza nei confronti del suo sciagurato amico, rivolgendosi a lui così: *"Siete voi qui, ser Brunetto?"*. Gli dà "del voi" e lo chiama "Ser", appellativo inusuale per un'anima dannata, per una persona che, per quanto amica, è comunque finita all'Inferno. Dante davvero non si aspettava di trovarlo in quel luogo, *"Siete voi **qui**, ser Brunetto"*, quel *qui* è un cazzotto che colpisce il protagonista allo stomaco, proprio non se lo immaginava che una persona alla quale era così legato e della quale aveva un'elevatissima stima sarebbe finita in quel luogo orribile.

Se togliamo il *qui*, la frase ha comunque senso, ma quel termine è un rafforzativo, sembra quasi che gli sia scappato di bocca tanto è il suo stupore di trovare *qui*, *proprio qui*, all'Inferno, il suo amico...

E poi ancora: *"La cara e buona imagine paterna / di voi quando nel mondo ad ora ad ora // m'insegnavate come l'uom s'etterna"* (Cara e buona immagine paterna... m'insegnavate come l'uom s'etterna, ancora parole di affetto e stima). Addirittura, Brunetto evoca per Dante un'immagine paterna che rafforza quanto appena detto: la loro amicizia sembra quasi non temere l'Inferno, sembra essere così indissolubile che, anche in un posto del genere, un dannato riesce comunque a provare ancora un sentimento così nobile come l'amicizia.

Brunetto utilizza parole di piacevole stupore (*Qual maraviglia!*) ed affetto (*O figliuol mio*), quindi la profonda stima e l'affetto sono reciproci: per ben due volte nel giro di pochissime battute egli si rivolge a Dante appellandolo come *figliuol*, termine estremamente amorevole che stride con il luogo dove si trovano i due. Da notare che questa elevata considerazione Dante la riserva solo a pochi dannati; essere inseriti nella *Divina Commedia* e ricevere parole di stima da parte dell'autore conferisce immortalità e notorietà a figure che, altrimenti, nei secoli, in pochi si sarebbero ricordati.

A conclusione del canto, propongo la rappresentazione di Scaramuzza, pittore e Poeta italiano, che fotografa con grande realismo l'incontro tra i due concittadini: osservando l'immagine che interpreta fedelmente le terzine dantesche, sembra quasi che ser Brunetto voglia aggrapparsi al Poeta tentando di scavalcare il muretto (cosa non permessa ai dannati), mentre Dante si china come se volesse abbracciarlo. È quasi visibile sul volto dei due l'emozione e lo stupore nell'incontrarsi in quel luogo ostile. Questa immagine penso che spieghi il senso più intimo del canto più di tante altre parole.

Brunetto Latini e Dante
(Wikipedia)

Canto XVII
Gerione e il volo dei poeti, un canto che è un prodigio letterario

> Canto XVII, nel quale si tratta del discendimento nel luogo detto Malebolge, che è l'ottavo cerchio de l'Inferno; ancora fa proemio alquanto di quelli che sono nel settimo circulo; e quivi si truova il demonio Gerione sopra '1 quale passaro il fiume; e quivi parlò Dante ad alcuni prestatori e usurai del settimo cerchio.[33]

Questo canto è forse uno dei più visionari di tutta l'opera. In queste terzine l'autore compie un vero e proprio prodigio letterario, in quanto descrive qualcosa che nel Medioevo ancora non si conosceva, ovvero il volo. Questo canto appassiona noi moderni che ci immedesimiamo in Dante e proviamo ciò che prova lui, il *pathos* narrativo ci rapisce anche se cinema e TV ci hanno abituato a qualsiasi effetto scenico. Pensate a cosa un lettore suo contemporaneo deve aver provato nel leggere queste pagine, nessun autore aveva mai osato tanto prima!

Ma andiamo con ordine...

Il canto precedente si conclude con Dante e Virgilio che si trovano sull'orlo di un burrone. Virgilio chiede a Dante di dargli la corda che aveva legata lungo la vita. Il maestro si allontana di qualche passo verso destra e getta la corda nel burrone sottostante. Dante non capisce il gesto di Virgilio il quale, intuendo il dubbio di Dante, gli spiega che a breve si mostrerà ai suoi occhi una creatura. Il XVI canto termina con Dante che giura sulla sua *Commedia* di aver visto un'enorme figura avvicinarsi nuotando nell'aria scura e densa, simile al marinaio

---

[33] G. Petrocchi (a cura di), *La Commedia secondo l'antica vulgata*, cit.

che torna in superficie dopo essersi immerso per sciogliere l'ancora impigliata o rimuovere un altro ostacolo, che ritrae le gambe per darsi la spinta e salire. L'autore non spiega di cosa si tratti e questo crea una tensione narrativa e un'attesa che verranno sciolte nel canto successivo. Il XVII canto, infatti, si apre con la descrizione di questo essere:

> *"Ecco la fiera con la coda aguzza,*
> *che passa i monti, e rompe i muri e l'armi!*
> *Ecco colei che tutto 'l mondo appuzza!"*.[34]
> (Dante, *Inferno*, vv. 1-3)

Già da qui si intuisce che si tratta di un mostro infernale del quale i due hanno bisogno in quanto chiamato appositamente da Virgilio gettando la cinta nel burrone. E poi:

> *"E quella sozza imagine di froda sen venne,*
> *e arrivò la testa e 'l busto,*
> *ma 'n su la riva non trasse la coda.*
>
> *La faccia sua era faccia d'uom giusto,*
> *tanto benigna avea di fuor la pelle,*
> *e d'un serpente tutto l'altro fusto;*
>
> *due branche avea pilose insin l'ascelle;*
> *lo dosso e 'l petto e ambedue le coste*
> *dipinti avea di nodi e di rotelle.*
> *Con più color, sommesse e sovraposte*
> *non fer mai drappi Tartari né Turchi,*
> *né fuor tai tele per Aragne imposte"*.
> (Dante, *Inferno*, vv. 7-18)

---

[34] "Ecco la belva con la coda appuntita, che passa le montagne e spezza muri e difese! Ecco colei che ammorba tutto il mondo col suo fetore!".

La descrizione non lascia spazio all'interpretazione: Dante sta descrivendo un mostro che è l'allegoria della frode, il volto della bestia è rassicurante perché di uomo giusto, mentre il resto del corpo è di serpente, con due zampe pelose che arrivano alle ascelle; il dorso e il petto ed entrambi i fianchi dipinti di nodi e rotelle, di una trama così particolare che neanche i Tartari e i Turchi, maestri nei tessuti, avrebbero potuto tanto... In ultimo la coda è simile a quella di uno scorpione. Ricapitolando, *Gerione* – questo il nome della creatura – ha il volto di uomo, zampe di leone, corpo di serpente e coda di scorpione; è una creatura orribile che ricalca il peccato di frode: chi raggira prima si fa amico, poi tradisce e infine illude la vittima di non aver fatto nulla.

Nell'elaborazione di questo mostro infernale, Dante si rifà ai versi dell'*Apocalisse* (9, 7-11), in cui sono descritte locuste con facce di uomini, capelli di donna, denti di leone e code simili a scorpioni:

Gerione era nel mito un re di un'isola iberica, con tre corpi giganteschi uniti nel ventre, sconfitto da Ercole in una delle sue fatiche. Una leggenda raccolta dal Boccaccio (*Geneal*. I, XXI) racconta che egli accoglieva gli ospiti benevolmente per poi depredarli e ucciderli nel sonno. Di qui Dante avrà preso lo spunto per dare un nome classico alla sua *imagine di froda*. Ma questa fiera con volto umano e corpo di serpente vuol ricordare senza dubbio in modo primario il serpente della *Genesi*, il grande seduttore, che ingannò Eva e rovinò così tutta l'umanità. Il drago dantesco sembra infatti discendere dal drago dell'*Apocalisse* che è esplicitamente figura dell'antico serpente (*draco ille magnus, serpens antiquus ... qui seducit universum orbem?* Apoc. 12, 9) e la cui coda è, come dice un commento pseudo-tomistico, *deceptio fraudolenta*. In esso si fondono i caratteri delle locuste, sempre dell'*Apocalisse*: *facies tamquam facies hominum et ... caudas similes scorpionum et aculei erant in caudis earum* (ibid. 9, 7-10) e del Leviatan, il drago marino che Giobbe pesca dal fondo dell'abisso e lega con la sua fune (*Iob* 38). È sempre la stessa figura, di mostruoso rettile, che nella Bibbia significa il grande avversario, cioè Satana. Il volto d'uomo indica l'ingannevole apparenza, la coda velenosa la sua mortifera forza. La fantasia di Dante lo ha ricreato da questi vari elementi, e posto a insegna del mondo della frode, al cui fondo sta confitto Lucifero.[35]

Tanto è il disprezzo dell'autore verso questi peccatori che la loro punizione è assai tremenda: sono confinati in un sabbione bollente sommersi da una pioggia di fuoco che cade sopra di loro straziandoli.

Ma ci siamo: dopo aver parlato con anime dannate che con il loro linguaggio rude, brutale, ricalcano la bassezza dei loro peccati, i due viandanti salgono in groppa al mostro che li deve trasportare ai piedi del burrone.

Dante è vivo ed ha una paura tremenda, tanto da dire a Virgilio di abbracciarlo, ma qui l'autore inserisce una trovata comica:

> *I' m'assettai in su quelle spallacce;*
> *sì volli dir, ma la voce non venne*
> *com'io credetti: "Fa che tu m'abbracce".*[36]
> (Dante, *Inferno*, vv. 91-93)

«"Abbracciami forte Virgilio", ma la voce non venne come io pensavo»: in pratica ipotizziamo che Dante lo abbia chiesto sottovoce, a Virgilio, di abbracciarlo; tanta è la sua paura, che non riesce a parlare come crede (e vuole), la sua voce è strozzata dal terrore. Questa è una trovata davvero molto originale, che rende benissimo l'idea della situazione che si trova a vivere il nostro eroe in quel momento.

A questo punto Virgilio dà alla bestia il comando di partire e accade qualcosa di straordinario: l'essere si alza in volo compiendo una discesa lenta, snella, facendo giri larghi. Virgilio

---

[35] *Diary. Il blog di Biagio Raucci*,
http://www.raucci.net/wp-content/uploads/Inferno/cantoXVII.pdf, 20/04/2019.
[36] «Io (Dante) mi sedetti sopra quelle orribili spalle; avrei voluto dire a Virgilio "Abbracciami forte", ma la voce non venne fuori come credevo"».

si era raccomandato a Gerione di prestare attenzione nella discesa per non nuocere a Dante che è un vivo. Dante, a questo punto, compie un vero e proprio prodigio letterario descrivendo il volo: è sorprendente infatti come un uomo del 1300 abbia potuto descrivere così minuziosamente il volo e le sensazioni che si provano volando, qualcosa, insomma, che dovrebbe essergli completamente sconosciuto. Anche questo è un mistero che conferisce alla *Commedia* un fascino unico: nessun autore si era mai spinto così lontano con la fantasia.

L'Alighieri scende nel dettaglio, descrivendo le sensazioni provate durante la discesa: Gerione procede, nuotando lentamente, gira e scende nuovamente, così abilmente da non far accorgere Dante che sono in movimento, se non per il fatto che egli sente il vento sul viso e sotto le gambe:

> *Come la navicella esce di loco*
> *in dietro in dietro, sì quindi si tolse;*
> *e poi ch'al tutto si sentì a gioco,*
>
> *là 'v'era 'l petto, la coda rivolse,*
> *e quella tesa, come anguilla, mosse,*
> *e con le branche l'aere a sé raccolse.*
> (Dante, *Inferno*, vv. 100-105)

[...]

> *Ella sen va notando lenta lenta:*
> *rota e discende, ma non me n'accorgo*
> *se non che al viso e di sotto mi venta.*
>
> *Io sentia già da la man destra il gorgo*
> *far sotto noi un orribile scroscio,*
> *per che con li occhi 'n giù la testa sporgo.*

Allor fu' io più timido a lo stoscio,
però ch'i' vidi fuochi e senti' pianti;
ond'io tremando tutto mi raccoscio.

E vidi poi, ché nol vedea davanti,
lo scendere e 'l girar per li gran mali
che s'appressavan da diversi canti.
(Dante, *Inferno*, vv. 115-126)

Il canto termina con i due protagonisti che arrivano sul fondo del burrone, scendono da Gerione che se ne va alla velocità di una freccia scagliata da un arco:

Così ne puose al fondo Gerione
al piè al piè de la stagliata rocca
e, discarcate le nostre persone,

si dileguò come da corda cocca.
(Dante, *Inferno*, vv. 133-136)

In questo punto è possibile notare l'associazione *parola/suono*: Dante, non solo con poche parole rende chiaro un concetto, ma aiuta anche il lettore nella comprensione del testo usando termini che descrivono *sonoramente* un'azione. È il caso delle due parole che chiudono il canto (*corda cocca*) che danno il senso di quello che intende Dante e cioè di una freccia scagliata con forza. Leggetelo ad alta voce, non sembra di sentire una freccia che parte? Anche questi dettagli rendono la *Divina Commedia* qualcosa di veramente unico.
Il canto non è interamente incentrato sulla figura di Gerione, ci sarebbe molto altro da dire, ma ho scelto di riportare solo questo episodio perché Dante riesce in un'impresa straordinaria, parlando di qualcosa che non ha mai provato e che non era neanche lontanamente immaginabile nel Medioevo dipingere: la descrizione del volo. La spiegazione è così nitida che ci sembra

di essere anche noi sulle spalle di Gerione, con il vento in faccia e la terra che si avvicina a poco a poco.

Questo canto è senza dubbio uno tra i più spettacolari, innovativi e affascinanti di tutta la *Commedia*. Come nota Andrea Paganini:

> L'ardito ed inaudito volo di Dante può configurare anche la sovrumana impresa a cui l'autore si è accinto nella stesura della Divina Commedia. Dante ha ordito in questo canto un tessuto pregiato [...] come in pochi altri passi del suo grande capolavoro poetico.[37]

Si potrebbe dire che, un uomo, chiamato Dante Alighieri, nel 1300, per la prima volta ha volato.

---

[37] A. Paganini, *Gerione e l'Inferno dantesco: la frode, l'accordo, il volo*, in "Rassegna Europea di Letteratura Italiana", n. 11/1998, pp. 91-110.

Canto XIX
Papa Niccolò III e gli altri simoniaci: uno stile burlesco nel regno dell'orrore

> Canto XIX, nel quale sgrida contra li simoniachi in persona di
> Simone Mago, che fu al tempo di san Pietro e di santo Paulo,
> e contra tutti coloro che simonia seguitano, e qui pone le pene
> che sono concedute a coloro che seguitano il sopradetto vizio,
> e dinomaci entro papa Niccola de li Orsini di Roma perché
> seguitò simonia; e pone de la terza bolgia de l'inferno.[38]

Il tema centrale del canto è la *simonia*, ovvero la compravendita di cariche ecclesiastiche. I dannati sono condannati ad essere capovolti all'interno di fori nella roccia, con una fiamma rossastra che brucia sui loro piedi. Quando sopraggiunge un nuovo dannato, questo prende posto facendo sprofondare in basso gli altri.

Queste prime righe meritano già una riflessione. I simoniaci sono stati tutti ministri di Dio: sacerdoti, suore, vescovi e ovviamente papi. Come tali sono stati consacrati ricevendo sulla loro testa il Sacro fuoco dello Spirito Santo. Così come in vita sono stati benedetti sul capo dal fuoco divino, all'Inferno sono straziati dalle fiamme nel punto più basso del corpo umano e cioè sulle piante dei piedi. Tale pena segue questo contrappasso: come in vita, vendendo i posti ecclesiastici, "calpestarono" lo Spirito Santo, ora Esso (sotto forma di fiamma) brucia loro i piedi.

Tra tutti i canti questo è forse uno dei più burleschi, Dante infatti si prende gioco del dannato con cui parla, arrivando ad utilizzare addirittura espressioni dialettali, tanto è basso il registro del

---

[38] G. Petrocchi (a cura di), *La Commedia secondo l'antica vulgata*, cit.

canto: il disprezzo del Poeta verso la simonia è tale che non si fa problemi a prendersi gioco anche del papa che, come tale, aveva l'obbligo morale di amministrare correttamente la Chiesa. Personaggio principale del canto è appunto un papa, *Niccolò III*, predecessore di Bonifacio VIII, appartenente alla famiglia degli Orsini.

Ci troviamo nella III Bolgia dell'VIII Cerchio (Malebolge) e Dante si accinge a parlare con un dannato che ha le fiamme sui piedi di colore più acceso degli altri; si avvicina al peccatore e gli chiede di parlare, al pari di un frate che confessa l'assassino prima dell'esecuzione.

L'Autore utilizza delle parole che sembrano uno scioglilingua, sceglie dei monosillabi che rendono bene il disprezzo che Dante ha nei confronti dei simoniaci:

> *"O qual che se' che 'l di sù tien di sotto,*
> *anima trista come pal commessa",*
> *comincia' io a dir, "se puoi, fa motto".*[39]
> (Dante, *Inferno*, vv. 46- 48)

O qual che se' che 'l di sù tien di sotto è una frase anche difficile da leggere: Dante non spreca neanche troppe parole per loro, usa dei vocaboli tronchi, dei monosillabi che condensano tutta l'ostilità del Poeta verso questi sciagurati.

Il dannato (papa Niccolò III che si presenterà solo dopo al lettore), scambiando Dante per papa Bonifacio VIII, risponde e chiede il motivo per il quale egli sia già giunto lì e se fosse già stanco di fare scempio della Chiesa. Già qui, se vogliamo, c'è qualcosa di burlesco: un laico, Dante, che "confessa" un papa; si invertono cioè i ruoli in una vicenda tanto seria (la simonia è un peccato grave) quanto esilarante (Dante sembra che si diverta a sbeffeggiare papa Niccolò III).

---

[39] «Io iniziai a dire: "Chiunque tu sia, tu che sei capovolto, anima triste come un palo conficcato nel terreno, se puoi, parlami"».

> *Ed el gridò: "Se' tu già costì ritto,*
> *se' tu già costì ritto, Bonifazio?*
> *Di parecchi anni mi mentì lo scritto".*[40]
> (Dante, *Inferno*, vv. 52-54)

Come detto sopra, Dante sembra provare gusto a farsi gioco del papa dannato, infatti Niccolò dice: *Se' tu già costì ritto, se' tu già costì ritto, Bonifazio?*, Niccolò cioè pensa di parlare con Bonifacio VIII, il papa dell'epoca, macchiato anch'esso, secondo l'autore, del peccato di simonia. Mentre invece è Dante a interagire con lui. I simoniaci ricordo essere piantati nel terreno senza riuscire a vedere intorno, con l'unica concessione cha hanno, come del resto tutti i dannati, di leggere un libro nel quale c'è scritto il futuro delle persone in vita sulla terra, non il presente, ma soltanto il futuro. Niccolò crede dunque di aver letto male il libro e che Bonifacio VIII sia già morto e sia perciò già lì con lui. Un equivoco che aggiunge una sfumatura ironica al già satirico canto: con queste poche parole, infatti, Dante sta dicendo a Bonifacio VIII: "Guarda che finirai all'Inferno perché sei un simoniaco!". Un pontefice all'inferno! Papa Bonifacio, appena letta la *Commedia*, cosa avrà pensato? L'autore ha veramente un coraggio da vendere, egli inserisce all'Inferno un papa, vivo, che avrebbe potuto benissimo ucciderlo (all'epoca i pontefici avevano anche questo potere).
Ma non finisce qui, l'autore alza il tiro tanto è il suo disprezzo verso il peccato di simonia schernendo ulteriormente Niccolò III, facendolo balbettare, ridicolizzandolo, facendogli ripetere due volte la domanda: *Se' tu già costì ritto, se' tu già costì ritto, Bonifazio?*

---

[40] «e quello urlò: "Sei già lì in piedi, sei già lì in piedi, Bonifacio? Il libro del futuro mi ha mentito di diversi anni" (i dannati hanno la possibilità di leggere un libro nel quale c'è scritto il futuro)».

A questo punto Dante fa finta di non capire, una trovata geniale:

> *Tal mi fec'io, quai son color che stanno,*
> *per non intender ciò ch'è lor risposto,*
> *quasi scornati, e risponder non sanno.*
> (Dante, *Inferno*, vv. 58-60)

È Virgilio quindi a fornire al Poeta la risposta da dare a Niccolò: *Non son colui, non son colui che credi*; Dante obbedisce e ripete due volte la frase *Non son colui, non son colui*, come se volesse prendersi gioco di papa Niccolò imitandolo, facendogli il verso. Sembra di assistere ad uno *sketch* comico, un'espediente veramente assurdo ma geniale, soprattutto se consideriamo che tutto ciò avviene in un luogo che di comico non ha nulla.

A questo punto il dannato storce dolorosamente i piedi, quindi si manifesta al lettore presentandosi come papa Niccolò III.

Papa Bonifacio VIII, come già detto, era nemico di Dante ed è chiaro il motivo per il quale il Poeta lo colloca all'Inferno, ma come mai Dante inserisce all'Inferno proprio Niccolò III? Dall'Enciclopedia Treccani:

> Niccolò III, papa. – Giovanni Gaetano Orsini nacque a Roma tra il 1212 e il 1216, da Matteo Rosso di Giovanni Gaetano e da Perna Caetani. Secondogenito, fu probabilmente destinato dall'infanzia alla vita religiosa. [...] L'innalzamento dei suoi familiari alle massime cariche politiche, sommato all'aggressiva politica nel Viterbese per assicurare agli Orsini il controllo della regione, offrì materia ai contemporanei per costruire un durissimo giudizio sulla cupidigia di Niccolò. In particolare destò rumore, nel luglio 1278, la nomina del nipote Orso Orsini a rettore del Patrimonio di S. Pietro in Tuscia e maresciallo della S. Sede, quindi a podestà di Viterbo. Servendosi delle milizie fornitegli dalla Chiesa, e forte dell'appoggio di Niccolò III, Orso si impadronì di almeno sette castelli situati nei pressi dei monti Cimini, tra i quali Soriano, strappato ai possessori con il pretesto che questi si erano macchiati di eresia (*Annales ...* , 1876, p. 91).

Niccolò fu accusato di nepotismo, simonia, cupidigia, molte erano le dicerie popolari sui suoi comportamenti poco leciti e questo bastò a Dante per confinarlo nel Regno delle Tenebre.

Il ritmo della *Commedia* è incalzante e Dante confina altri papi simoniaci all'Inferno, conficcati tutti nella stessa buca, in fila uno dietro l'altro nella roccia. Anche lo stesso Niccolò III verrà spinto più in basso quando arriverà realmente colui per il quale ha scambiato Dante (Bonifacio VIII), ma questi rimarrà nella buca coi piedi di fuori meno tempo di quando c'è rimasto Niccolò: infatti lo seguirà un altro papa simoniaco (Clemente V).

È evidente che in questo canto Dante utilizza i papi sopra citati per scagliare una violenta invettiva contro i successori di Pietro, non contro la Chiesa Cattolica per la quale egli prova rispetto perché istituita da Cristo; furono i suoi amministratori, specialmente in quel periodo, a svolgere malamente il loro compito.

Mentre Dante rimprovera aspramente e Virgilio manifesta col suo volto l'approvazione per il discorso del discepolo (con una smorfia di compiacimento come a dire "Bravo ragazzo (Dante), gliele hai cantate per le rime a questo essere maledetto"), Niccolò scalcia con forza come se fosse punto dall'ira o dalla coscienza sporca: non potendo manifestare i suoi sentimenti con il volto, è con i piedi che mostra tutta la sua collera.

Alcuni hanno criticato questo canto accusando Dante di approfittare della situazione per vendicarsi, con le proprie invettive, dei torti subiti quando svolgeva politica attiva. Addirittura, alcuni critici sono rimasti infastiditi dall'atteggiamento beffardo, quasi giullaresco del Poeta. A mio avviso è possibile che Dante utilizzi la *Commedia* per togliersi qualche sassolino dalla scarpa, ma non forza mai il racconto, tutto ha coerenza narrativa e rientra nel disegno dell'autore. Soprattutto non credo che possa infastidire il lettore, che non può non concordare con la pena inflitta da Dante a quest'ultimi per la grave colpa di cui si sono macchiati. Come i simoniaci si sono presi gioco della Chiesa, Dante si prende gioco di loro: tutto, in un certo senso, torna.

Altri studiosi hanno duramente giudicato l'invettiva di Dante contro i simoniaci, essendo nella fattispecie papi, valutando le parole del Poeta troppo audaci. Dante, secondo questi critici, è un semplice cristiano che non avrebbe avuto l'autorità per giudicare dei pontefici[41]. Potremmo rispondere però a questa critica che davanti a Dio, nel regno dell'aldilà, non esistono più papi, re o contadini, ma semplicemente uomini che sono già stati giudicati dalla Giustizia Divina. È vero, Dante si arroga il diritto di giudicare, ma si basa su elementi tangibili che riguardano l'interessato. Inoltre, è necessario precisare che Dante utilizza le figure di Bonifacio VIII, Niccolò III e Clemente V come pretesto in quanto, egli parla di loro e con loro, ma in ottica futura il Poeta comunica ai papi che verranno quasi ad informarli che esiste un girone ad *hoc* per i simoniaci in cui non si fanno sconti, pronto ad ospitarli se i vicari di Cristo non onoreranno il loro santo uffizio.

Il canto prosegue con un artificio dialettale degno di nota, che Dante inserisce nel testo e che oggi rappresenta l'intercalare per eccellenza del dialetto livornese:

> *Io non so s'i' mi fui qui troppo folle,*
> *ch'i' pur rispuosi lui a questo metro:*
> *"Deh, or mi dì : quanto tesoro volle*
> *Nostro Segnore in prima da san Pietro*

---

[41] Anche secondo la mistica cattolica Natuzza Evolo, che dichiarava di parlare con le anime dei defunti, Dante sarebbe stato punito per questa sua presunzione. Infatti, il Poeta stesso le avrebbe rivelato di aver scontato trecento anni di Purgatorio prima di poter entrare in Paradiso perché, anche se aveva composto le cantiche della Commedia sotto ispirazione divina, purtroppo aveva dato spazio, nel suo cuore, alle proprie simpatie ed antipatie personali nell'assegnare i premi e le pene. Da qui il castigo di trecento anni di Purgatorio trascorsi però al Prato Verde, senza patire altra sofferenza se non quella della mancanza di Dio. https://it.aleteia.org/2017/11/12/le-confessioni-di-mamma-natuzza-ho-visto-i-morti-ecco-come-sara-laldila-e-cosa-si-fa/2/, 19/01/2020

ch'ei ponesse le chiavi in sua balìa?
Certo non chiese se non 'Viemmi retro'".
(Dante, *Inferno*, vv. 88-93)

Il *Deh*, appunto, un'esclamazione priva di senso, che rimarca ancora una volta il basso registro utilizzato nel canto, con l'aggiunta poi di *or mi dì*, vale a dire "Dai dimmi adesso", senza giri di parole, tagliando corto insomma. Ai giorni nostri tutto ciò può sembrare normale, ma all'epoca di Dante, trovare in un'opera che tratta temi del genere un accorgimento del genere, sicuramente avrà destato stupore. Era veramente qualcosa fuori dal comune alla quale mai nessuno aveva pensato, anche perché, ricordiamolo, la *Divina Commedia* è scritta in lingua volgare, non in latino, e già solo questo era una grande novità.

Dopodiché, il maestro sorregge Dante con entrambe le braccia e lo riporta sull'argine della Bolgia. Una volta giunto a destinazione, Virgilio depone Dante a terra. Un gesto quanto mai amorevole: il Maestro depone il suo allievo. Non è casuale l'utilizzo del verbo *deporre* adoperato nell'accezione di "posare con cura" tanta è l'amorevolezza di Virgilio nei confronti di Dante. Ancora una volta assistiamo ad un gesto di estrema premura e cortesia che sottolinea il nobile sentimento che scorre tra i due poeti.

Si conclude così uno dei canti più dibattuti di tutta la *Commedia*. Vorrei terminare questa riflessione riportando un aneddoto al quale il Poeta fa riferimento nel corso del canto, ovvero di quando Dante stesso ruppe il battistero di San Giovanni a Firenze per salvare una persona, probabilmente un bambino, che si era incastrato e che rischiava di annegare.

Dante utilizza questo episodio per paragonare la bolgia al battistero, scrivendo che questa è:

Io vidi per le coste e per lo fondo
piena la pietra livida di fóri,
d'un largo tutti e ciascun era tondo.

> *Non mi parean men ampi né maggiori*
> *che que' che son nel mio bel San Giovanni,*
> *fatti per loco d'i battezzatori;*
>
> *l'un de li quali, ancor non è molt'anni,*
> *rupp'io per un che dentro v'annegava:*
> *e questo sia suggel ch'ogn'omo sganni.*[42]
> (Dante, *Inferno*, vv. 13-21)

Ovviamente senza contesto questo gesto a molti suoi contemporanei sembrò un atto sacrilego e qui Dante prende la palla al balzo per smentire false dicerie. Ho scelto di riportare questo episodio a supporto della tesi che Dante avesse un temperamento impulsivo, un carattere determinato e che non esitasse a prendere decisioni ambigue per perseguire un determinato fine: non esitò, infatti, a rompere un battistero in una Chiesa per salvare un bambino che stava annegando; un atto deciso, figlio di un temperamento risoluto che non si pensa possa appartenere ad un Poeta. Dante, come vedremo in seguito, non fu solo un letterato dedito allo studio, ma uomo d'armi, amante della vita e dei suoi piaceri. In sostanza, l'Alighieri era un tipo che non aveva paura di intraprendere azioni impopolari. E in questo caso una vita umana vale molto più di un oggetto di pietra.

Infine, interessante è l'analogia tra la figura del fanciullo capovolto nel battistero e la pena che l'autore escogita per i simoniaci, come evidenziato da Francesco d'Ovidio, filologo e critico letterario:

---

[42] "Io vidi la bolgia piena di buchi, tutti della stessa larghezza e di forma circolare. Non mi sembravano né meno ampi né maggiori di quelli che servono come fonti battesimali nel bel battistero fiorentino di San Giovanni; non molti anni fa ne ruppi uno per salvare una persona che vi stava annegando, e questa sia la testimonianza che corregga l'errore di chi è male informato".

Se davvero si trovò capovolto nel pozzetto il fanciullo che Dante dové salvare, la reminiscenza della postura di colui può esser entrata per qualche cosa nell'escogitazione della pena di questa bolgia".[43]

È forse da questa vicenda che Dante prese spunto per la pena dei simoniaci, conficcati sottosopra nella pietra come era incastrato il bambino nel battistero, dando così una connotazione estremamente dura ad una pena che si addice per asprezza a chi in modo altrettanto avido non ha onorato degnamente i sacramenti ricevuti.

---

[43] F. D'Ovidio, *Ugolino, Pier della vigna, I Simoniaci*, Hoepli, Milano, 1907, p. 398.

Canto XXI
I demòni Malebranche: terribili, scurrili e minacciosi

> Canto XXI, il quale tratta de le pene ne le quali sono puniti coloro che commisero baratteria, nel quale vizio abbomina li lucchesi; e qui tratta di dieci demòni, ministri a l'offizio di questo luogo; e cogliesi qui il tempo che fue compilata per Dante questa opera.[44]

Per la prima volta dall'inizio del libro, il lettore ha l'opportunità di udire la voce di alcuni demòni che si trovano a guardia del VIII Cerchio in cui si trovano i dannati macchiati del peccato di *baratteria*. Questo è tanto terrificante quanto curioso: cosa potrebbe mai dire un diavolo? Che pena potrebbero far patire i diavoli ai dannati? Va subito detto che gli sciagurati sono immersi in un fossato ricolmo di pece bollente: la pece è viscida come la baratteria (i barattieri sono quelli che ingannano, ad esempio chi sfrutta la propria posizione pubblica per arricchirsi) e copre per intero i loro corpi come loro in vita hanno tentato di coprire i propri comportamenti illeciti (analogia tra peccato e pena). Questo canto è uno dei più movimentati della *Commedia* e porta addirittura il lettore a temere per la sorte dei due protagonisti.

Il registro utilizzato da Dante è basso, sfocia alla fine del canto in un espediente volgare, anche se comico, estremamente inusuale e provocatorio per un libro della sua epoca.

Dante, dopo aver creato un climax ascendente per tutto il canto, scioglie la tensione facendo sorridere il lettore che rimane incredulo: riesce a stupire sempre. I due poeti sono giunti sul punto più alto del ponte che sovrasta la V Bolgia dell'VIII

---

[44] G. Petrocchi (a cura di), *La Commedia secondo l'antica vulgata*, cit.

Cerchio, Dante ne osserva il fondo e lo vede incredibilmente oscuro. È la mattina di sabato 9 aprile (o 26 marzo) del 1300, verso le sette. La scenografia è tra le più incredibili mai pensate, migliaia di anime, una puzza nauseabonda che sale su da un fiume di sangue che raccoglie tutto il male del mondo, il *Flegetonte*, che scorre verso la causa che l'ha provocato, Satana. I dannati qui puniti sono i violenti contro natura e contro Dio; sono collocati sopra un deserto infuocato, sovrastati da una pioggia di fuoco che cade dall'alto verso il basso. Si odono urla spaventose che si mescolano a bolge e a ponti che si intersecano l'uno sull'altro ingarbugliando l'occhio dello spettatore. Qualcosa che neanche lo Spielberg dei tempi migliori avrebbe potuto immaginare.

Dante esige che noi gli crediamo e lo fa utilizzando queste parole che accrescono la credibilità di ciò che dice:

> *Così di ponte in ponte, altro parlando*
> *che la mia comedìa cantar non cura,*
> *venimmo; e tenavamo il colmo, quando*[45]
> (Dante, *Inferno*, vv. 1-3)

È come se Dante dicesse: "Io e Virgilio stavamo parlando di cose che a voi lettori non interessano quando...": davvero una trovata originale che conferisce al racconto ulteriore veridicità. Quali altri autori prima dell'Alighieri hanno avuto un'idea così innovativa?

A questo punto Dante e Virgilio si affacciano dalla bolgia e guardano in basso vedendo qualcosa di orribilmente straordinario: una moltitudine di diavoli al lavoro che sta aggiustando come farebbero i marinai delle barche.

Il Poeta utilizza termini che danno il senso sonoro di ciò che vede: *la viscosità della tenace pece* (*tenace pece*, sembra quasi

---

[45] "Parlando di altre cose che la mia *Commedia* non si cura di riferire, giungemmo all'altro ponte; ed eravamo sul punto più alto, quando ci fermammo per vedere l'altra Bolgia e gli altri inutili pianti dei dannati; e la vidi incredibilmente oscura".

che queste parole si appiccichino addosso come la pece). Dante tratteggia anche l'operatività dei diavoli intenti a battere sui chiodi, sembra quasi di sentirne i colpi attraverso queste rime che simulano il rumore del ferro e del martello a contatto con il metallo del chiodo:

> *Quale ne l'arzanà de' Viniziani*
> *bolle l'inverno la tenace pece*
> *a rimpalmare i legni lor non sani,*
>
> *ché navicar non ponno - in quella vece*
> *chi fa suo legno novo e chi ristoppa*
> *le coste a quel che più viaggi fece;*
>
> *chi ribatte da proda e chi da poppa;*
> *altri fa remi e altri volge sarte;*
> *chi terzeruolo e artimon rintoppa -;*
>
> *tal, non per foco, ma per divin'arte,*
> *bollia là giuso una pegola spessa,*
> *che 'nviscava la ripa d'ogne parte.*
>
> *I' vedea lei, ma non vedea in essa*
> *mai che le bolle che 'l bollor levava,*
> *e gonfiar tutta, e riseder compressa.*[46]
> (Dante, *Inferno*, vv. 7-21)

---

[46] "Come nell'Arsenale dei Veneziani d'inverno bolle la pece viscosa per riparare le loro navi danneggiate, poiché non possono navigare – intanto alcuni costruiscono uno scafo nuovo e altri riparano le fiancate alle navi che fecero molti viaggi in mare; alcuni battono i chiodi da prora o da poppa; altri riparano i remi e avvolgono le sartie; altri rappezzano il terzerolo e l'artimone – ; così laggiù bolliva una spessa pece, non per un fuoco ma per arte divina, la quale invischiava ogni lato delle pareti della Bolgia. Io vedevo la pece, ma dentro di essa non vedevo altro che le bolle che affioravano in superficie, e la vedevo gonfiarsi tutta per poi abbassarsi".

Il Poeta è ora intento ad osservare la pece sottostante – immaginiamoci non un catino di pece, ma una bolgia ripiena – quando Virgilio richiama la sua attenzione e lo allontana subito da dove si trova. Dante si volta come colui che si attarda a vedere ciò che dovrebbe sfuggire e perciò perde ogni coraggio, vedendo un diavolo nero che corre velocissimo e agile su per il ponte verso di lui. Virgilio gli dice "Guarda, guarda!", intendendo dire "Sbrigati, spicciati!", ma Dante, un po' curioso, si attarda un attimo di troppo prima di fuggire. Pensiamo alla paura che Dante ha provato in quel momento: egli, vivo, vede un demonio che lo sta raggiungendo.
Ma eccolo, il demonio è sempre più vicino:

> *Ahi quant'elli era ne l'aspetto fero!*
> *e quanto mi parea ne l'atto acerbo,*
> *con l'ali aperte e sovra i piè leggero!*
> (Dante, *Inferno*, vv. 31-33)

Nella cultura medievale la raffigurazione dei diavoli era simile a quella dei giorni nostri: ali di pipistrello, zampe e denti feroci, artigli, aspetto di colore nero, minaccioso nei gesti. Il diavolo che avanza ha un aspetto feroce ma fiero, mentre spalanca le sue ali e tiene sulla spalla l'anima di un dannato di cui afferra le caviglie con la mano artigliata:

> *"L'omero suo, ch'era aguto e superbo,*
> *carcava un peccator con ambo l'anche,*
> *e quei tenea de' piè ghermito 'l nerbo".*
> (Dante, *Inferno*, vv. 34-36)

Da notare che il diavolo viene descritto fiero, leggero, con le ali aperte, come se conservasse ancora le caratteristiche di quando era un angelo. Ricordo che i demòni un tempo erano angeli che caddero poi all'Inferno per non essersi schierati prontamente dalla parte di Dio durante la ribellione di Lucifero. Sembra quasi che Dante voglia dar loro una connotazione a tratti affascinante, come se i diavoli conservassero ancora qualcosa di quando erano esseri splendenti, in netto contrasto con ciò che sono diventati ora, creature immerse nel buio al servizio del male.

Come già accennato, il demonio tiene il dannato come un macellaio tiene un quarto di bue sulle spalle, con le unghie piantate nelle caviglie; poi lo getta nella pece, quindi torna indietro come un mastino che insegue un ladro. Il barattiere si immerge nella pece e torna a galla tutto imbrattato, per cui altri demòni rimasti nascosti sotto il ponte gli urlano che, se non vuole essere tormentato, deve restare sotto la pece bollente. In questo caso, però, egli era già emerso quanto bastava affinché i diavoli potessero afferrarlo con bastoni uncinati, straziandolo e alludendo ironicamente al suo peccato di baratteria, come sguatteri che intingono pezzi di carne nella pentola. Un'immagine raccapricciante che supera ogni immaginazione umana, veramente Dante deve aver dato fondo a tutta la sua genialità e a tutta la sua fantasia per partorire una scena del genere:

> *Poi l'addentar con più di cento raffi,*
> *disser: "Coverto convien che qui balli,*
> *sì che, se puoi, nascosamente accaffi".*

> *Non altrimenti i cuochi a' lor vassalli*
> *fanno attuffare in mezzo la caldaia*
> *la carne con li uncin, perché non galli.*
> (Dante, *Inferno*, vv. 52-57)

Anche questa volta il suono delle parole aiuta il lettore nella comprensione del testo: *raffi/accaffi*, una rima che rende il senso dell'azione di graffiare. Inoltre, i diavoli si prendono gioco del dannato; in sostanza gli dicono: "Come in vita hai preso beni materiali a destra e a manca, qui, se vuoi, arraffa la pece!":

pungolano lo sventurato infierendo oltre che fisicamente anche psicologicamente.

Virgilio intima Dante di nascondersi, mentre lui, ostentando sicurezza, si avvicina ai diavoli i quali gli vengono incontro come cani arrabbiati: capite anche la sorpresa dei demòni che vedono un'anima che pensano essergli sfuggita – Virgilio – avvicinarsi verso di loro. Questo basta per farli scatenare lanciandosi addosso al Vate come cani arrabbiati che sbraitano con furore, pronti a sbranarlo.

Quando sembra non esserci più alcuna possibilità di salvezza per Virgilio, egli grida: "*Nessun di voi sia fello!*", cioè "Nessuno di voi mi faccia oltraggio, mi torca un capello!". Basta questa frase a far fermare gli esseri immondi: i diavoli e tutti i mostri infernali sono grandiosi nell'aspetto, fieri, ma fondamentalmente sciocchi, che nulla possono contro l'ingegno e l'astuzia dei personaggi benedetti dallo sguardo di Dio.

Virgilio dunque aggiunge: "Prima che i vostri uncini mi colpiscano, si faccia avanti uno di voi che mi ascolti, e poi decidete se è il caso o meno di uncinarmi". A questo punto i diavoli indicano Malacoda come loro portavoce, che si fa spazio ed esce tra la schiera di demòni. Sembra la scena di un film d'azione, quando il *boss* si fa largo tra i suoi scagnozzi pronto ad affrontare il buono della situazione.

Il Vate spiega ai demòni che il suo cammino è voluto da Dio:

> *"Credi tu, Malacoda, qui vedermi*
> *esser venuto", disse 'l mio maestro,*
> *"sicuro già da tutti vostri schermi,*
>
> *sanza voler divino e fato destro?*
> *Lascian'andar, ché nel cielo è voluto*
> *ch'i' mostri altrui questo cammin silvestro".*
> (Dante, *Inferno*, vv. 79-84)

Malacorda, a malincuore, cede ed indica ai suoi di non fargli del male. Ovviamente i diavoli non accettano con gioia questa sentenza, ma non possono fare altrimenti perché comprendono che il cammino del Vate è protetto da Dio. Ma ci sarà da fidarsi? A questo punto Virgilio esorta Dante ad uscire dal nascondiglio:

> E 'l duca mio a me: "O tu che siedi
> tra li scheggion del ponte quatto quatto,
> sicuramente omai a me ti riedi".
> (Dante, *Inferno*, vv. 88-90)

Dante obbedisce e si avvicina timoroso al suo Maestro. I diavoli vedono Dante che è vivo e si avvicinano per guardare meglio, tanto che egli teme che possano disonorato il patto appena stipulato con Virgilio. Agli occhi di Dante, probabilmente, la scena che appare è di un Malacorda che, mentre parla con Virgilio, di nascosto fa l'occhiolino ai suoi, come a dire: "Sì, sì, ora gli dico che andrà tutto bene, ma appena si girano, sono cavoli loro!". Penso che Dante si sia sentito nudo in quella situazione: un uomo vivo, all'Inferno, circondato da diavoli, una circostanza che farebbe *gelar le vene ai polsi*, per dirla a modo suo.

I diavoli parlottano tra loro ed osservano Dante perché è lui che vogliono: l'uomo vivo che è entrato all'Inferno, come carcerieri pronti a pestare un condannato solo per il gusto di farlo. Malacorda esorta Scarmiglione, altro diavolo, a posare il barattiere, ma a questo punto Malacoda, capo dei diavoli detti Malebranche, informa i poeti che non possono procedere oltre, poiché il ponte roccioso che sovrasta la VI Bolgia è crollato e quindi i due dovranno costeggiare l'argine della V Bolgia fino a trovare un altro ponte intatto. Ovviamente il diavolo mente sapendo di mentire: subdolo come i barattieri, egli fornisce in modo confortante informazioni mendaci ai due viandanti. Malacoda propone ai due poeti di dare loro la scorta di alcuni diavoli, 10 per l'esattezza, che li guideranno sino al punto in cui c'è un ponte intatto che potranno attraversare: Alichino, Calcabrina, Cagnazzo, Barbariccia (che dovrà guidare la schiera), Libicocco, Draghignazzo, Ciriatto, Graffiacane, Farfarello e Rubicante pazzo, questi i nomi dei diavoli. Ognuno di essi ha un nome non casuale e dai tratti carnevaleschi che alludono alle loro caratteristiche secondo il principio del *nomen omen* ("un nome, un programma", per dirlo in parole povere). Abbiamo quindi, nello specifico:

- **Alichino**, che deriva dal dialetto provenzale *Hellequin*; il demone Hellequin era oggetto di numerose storie provenzali sulla caccia, ragion per cui nella *Commedia* è il diavolo che ha il compito di guidare la caccia infernale;
- **Barbariccia**, appellativo che rimanda all'ispidezza della barba;
- **Cagnazzo**, il cui nome allude in modo dispregiativo ad un cane;
- **Calcabrina**, la cui caratteristica è una notevole velocità che gli permette di sfiorare la brina;
- **Ciriatto**, nome che deriva dal greco *chóiros*, che significa "porco";
- **Draghignazzo**, formato dall'incrocio delle parole "drago" e "ghigno" e che conferisce al demonio un aspetto assai bestiale e beffardo;
- **Farfarello**, il cui nome rimanda ai folletti notturni dei boschi;
- **Graffiacane**, la cui caratteristica è quella cioè di graffiare come un cane;
- **Libicocco**, il cui nome è composto dall'unione di due venti, il Libeccio e lo Scirocco, e rimanda quindi alla sua velocità;
- **Rubicante pazzo**, nominativo che deriva dal latino *rubens*, cioè rosso, e che fa pensare che esso sia rosso di rabbia.

Con i loro atteggiamenti ingannevoli e scurrili, i diavoli sono in tutto e per tutto assimilati ai barattieri: come detto nei capitoli precedenti, i demòni sono carnefici ma anche vittime di loro stessi, imprigionati all'Inferno, confinati lì per sempre, aguzzini senza possibilità di salvezza.

Dante non si fida dei diavoli ed esorta Virgilio a proseguire senza la loro guida, dal momento che i Malebranche digrignano i denti e lanciano ai due occhiate minacciose. Il Vate risponde a Dante che non deve temere, poiché i diavoli fanno così per spaventare i dannati nella pece. A questo punto i diavoli si dirigono a sinistra lungo l'argine, ma non prima che ognuno di loro si sia rivolto a Barbariccia stringendo la lingua tra i denti, come a segnale convenuto, al che Barbariccia risponde con uno sconcio rumore dal sedere. Sì, avete capito bene: *Ed elli avea del cul fatto trombetta*. Il diavolo a guida dell'infernale plotone dà il via alla marcia dei suoi soldati facendo un rumore scabroso col sedere. Questo è un verso giullaresco e comico che chiude un canto incredibile, tra i più avvincenti di tutta la *Commedia*. Una trovata geniale del Poeta che sottolinea il grottesco che c'è nei demòni: terrificanti nell'aspetto ma miseri nei comportamenti, al pari delle anime delle quali sono a guardia.

Canto XXII
L'inganno di Ciampolo

Canto XXII, nel quale abomina quelli di Sardigna e tratta alcuna cosa de la sagacitade de' barattieri in persona d'uno navarrese, e de' barattieri medesimi questo canta.[47]

Se questo canto fosse un film, probabilmente sarebbe diretto da Alfred Hitchcock, maestro del genere thriller. Secondo il Dizionario del Corriere,

Opera letteraria, teatrale o film di genere poliziesco che mira a provocare tensione e
paura.[48]

In particolare, per Siviero M., Graus,

Nelle fiction cinematografiche e televisive, i *thriller* tendono ad essere adrenalinici, esaltanti e dal ritmo incalzante. [...] La caratteristica comune delle opere appartenenti a questo genere è quella di cercare di provocare nel lettore o nello spettatore una particolare tensione, la *suspense*, che può sfociare a volte anche nella paura. L'obiettivo è quello di fornire una storia che abbia una tensione costante, il cui livello viene mantenuto con diversi effetti sorpresa, e un costante senso di morte imminente fino a quando la trama arriva ad un punto culminante. I protagonisti sono spesso normali cittadini non abituati al pericolo e possono essere uomini o donne che hanno un lato debole.[49]

---

[47] G. Petrocchi (a cura di), *La Commedia secondo l'antica vulgata*, cit.

[48] Thriller - *Dizionario di Italiano*, https://dizionari.corriere.it/dizionario_italiano/T/thriller.shtml, 26/04/2019.

[49] S. M., Graus, *Come scrivere un giallo napoletano – con elementi di sceneggiatura*, Edizioni Graus, Napoli, 2003, pp. 11-13, 59-61.

Sintetizzando, il genere thriller trova una serie di espedienti per far rimanere alta la tensione dello spettatore, con una *suspense* continua che tiene costante il livello di adrenalina: questi film catturano l'attenzione del pubblico che si identifica con il protagonista mentre l'occhio della cinepresa si fonde con quelli dello spettatore.

Tornando al nostro canto è possibile dire che gli ingredienti ci sono tutti – *suspense*, tensione ed eccitazione – tutti, dunque, ci sentiamo coinvolti nella storia vivendo un'esperienza immersiva al pari dei film *thriller*. Inoltre, anche il nostro protagonista è un uomo normale con più di un lato debole; non ci dimentichiamo che Dante è costretto ad entrare agli Inferi perché nella selva oscura la strada gli è sbarrata da tre belve feroci: una lonza (ovvero una lince o secondo altri un leopardo o pantera che rappresenta la lussuria), un leone (che rappresenta la superbia), ed una lupa (che rappresenta l'avarizia), egli cioè pecca di lussuria, superbia e avarizia e questi vizi lo rendono estremamente fragile, lo rendono *umano*.

Il canto precedente si è concluso con Dante e Virgilio che vengono scortati da dieci diavoli per oltrepassare la Bolgia in cui si trovano al momento. Inizia quindi un dialogo tra Virgilio, un dannato e alcuni diavoli che bramano per straziare il peccatore, mentre Virgilio lo interroga.

Come già accennato, Dante prova un disprezzo estremo per i peccatori di questa Bolgia, simboleggiato dal durissimo contrappasso scelto: così come in vita, in modo viscido, subdolo, i barattieri hanno commesso reato ricavando profitti privati da una carica pubblica, così all'Inferno, per analogia, sono coperti dalla pece nera e bollente, il cui viscidume fa riferimento alla bassezza e alla meschinità della colpa. È particolarmente adeguata la similitudine che utilizza il Poeta per descrivere la loro situazione:

Come i dalfini, quando fanno segno

a' marinar con l'arco de la schiena,
che s'argomentin di campar lor legno,

talor così, ad alleggiar la pena,
mostrav'alcun de' peccatori il dosso
e nascondea in men che non balena.[50]
(Dante, *Inferno*, vv. 19-24)

A questo punto i diavoli stanno per ricevere pan per focaccia, vengono ripagati cioè della stessa moneta perché, come già detto, essi stessi sono vittime del loro peccato e schiavi della propria pena (torturare per sempre i dannati, senza possibilità di scelta è anch'essa una tortura): inizia la prima vera azione del Canto: un diavolo nero, come la pece, spaventoso, in una bolgia infernale, sta per dilaniare un peccatore. È necessario credere che Dante lo abbia visto veramente affinché la *Commedia* abbia l'effetto desiderato. Come un regista che utilizza effetti spettacolari per impressionare il pubblico, così l'Alighieri, con poche ma chiare parole, ci fa vedere con gli occhi del protagonista uno spettacolo grandioso e terrificante al tempo stesso:

I' vidi, e anco il cor me n'accapriccia,
uno aspettar così, com'elli 'ncontra
ch'una rana rimane e l'altra spiccia;

e Graffiacan, che li era più di contra,
li arruncigliò le 'mpegolate chiome
e trassel sù, che mi parve una lontra.
(Dante, *Inferno*, vv. 31-36)

---

[50] "Come i delfini, quando lanciano segnali ai marinai inarcando la schiena, così che provvedano a mettere in salvo la loro nave (nel Medioevo si pensava che i delfini emergessero quando passano le navi per segnalare ai marinai l'arrivo di una tempesta), così talvolta, per alleviare la pena, alcuni peccatori mostravano la schiena, per reimmergerla in men che non si dica".

E ancora:

> *E Ciriatto, a cui di bocca uscia*
> *d'ogne parte una sanna come a porco,*
> *li fé sentir come l'una sdruscia.*[51]
>
> *Tra male gatte era venuto 'l sorco;*
> *ma Barbariccia il chiuse con le braccia,*
> *e disse: "State in là, mentr'io lo 'nforco".*[52]
> (Dante, *Inferno*, vv. 55-60)

Sembra di assistere ad un film poliziesco in cui i poliziotti ghermiscono il prigioniero impazienti di torturarlo a turno, allo stesso modo i diavoli, che hanno tra le mani l'anima sciagurata, sono impazienti e pronti a straziarlo. È in questo momento che lo sventurato inizia a dialogare con Dante, "protetto" da Barbariccia, che lo difende solo per dimostrare ai poeti di essere lui il capo dei diavoli e di riuscire, se vuole, a gestire i loro istinti. Improvvisamente, però, il colpo di scena: un diavolo, Libicocco, sbotta: «Abbiamo pazientato troppo» e afferra il braccio del dannato con l'uncino, portandogli via un brandello di carne. Anche Draghignazzo ferisce il barattiere alle gambe, tanto che Barbariccia rivolge a tutti loro un'occhiata severa. Dante non lascia un attimo tranquillo il lettore: ogni minuto succede un imprevisto.

Il dannato tenuto in ostaggio dai demòni, tale Ciampolo di Navarra, riprende il discorso e comunica ai due viandanti che, se vogliono incontrare peccatori fiorentini e lombardi, i diavoli

---

[51] "Io vidi, e ancora ne provo orrore in cuore, un dannato che esitava, proprio come quando una rana resta fuor d'acqua e un'altra si immerge; e Graffiacane, uno dei diavoli, che gli era proprio di fronte, afferrò con l'uncino i suoi capelli imbrattati di pece e lo tirò su come se fosse una lontra".

[52] «E Ciriatto, altro demonio, a cui usciva da ogni lato della bocca una zanna come a un cinghiale, gli fece sentire come una sola lacerava le carni. Il topo era finito tra le grinfie di gatte malvagie; ma Barbariccia lo protese con le braccia, dicendo: "State lontani, mentre lo infilzo"».

(detti Malebranche) devono farsi indietro cosicché lui possa chiamare i suoi compagni di sventura con un segnale convenuto. Ciampolo sta in pratica dicendo che quando i diavoli sono distratti, i barattieri si fanno un segnale per uscire dalla pece e prendere un po' d'aria. Egli quindi esorta i demòni a nascondersi affinché possa chiamare i suoi compagni di sventura. Ma sarà davvero così? Ci sarà da fidarsi di un dannato?

Cagnazzo, altro diavolo, è scettico e afferma che questo è solo un inganno escogitato dal peccatore per sfuggire alle loro grinfie: "*Odi malizia ch'elli ha pensata per gittarsi giuso!*", cioè "Ma senti questo che pensata che ha fatto per fregarci", ma il barattiere risponde che sarebbe davvero troppo malizioso mettere in piedi una beffa che andrebbe ad accrescere la pena dei suoi compagni. È una battaglia di astuzia in cui ognuno cerca di ottenere quello che desidera... ma vediamo come finisce e chi la spunta.

Alichino, altro demonio, temendo che Ciampolo li stia truffando, minaccia il peccatore che, se tenterà di scappare, lo inseguirà per farne scempio e accetta dunque la scommessa, vuole credere al navarrese, vuole vedere se veramente escono fuori i dannati, avvertendo però Ciampolo che se li ingannerà lui ne pagherà le conseguenze.

Qui l'autore fa qualcosa di straordinario che mai prima nessun Poeta aveva osato fare: si rivolge direttamente al lettore, lo guarda metaforicamente negli occhi, lo fa soprassedere sorprendendolo nella propria intimità:

> *O tu che leggi, udirai nuovo ludo:*
> *ciascun da l'altra costa li occhi volse;*
> *quel prima, ch'a ciò fare era più crudo.*[53]
> (Dante, *Inferno*, vv. 118-120)

---

[53] "O lettore, adesso ascolterai una nuova farsa: ogni diavolo rivolse lo sguardo all'argine opposto, a cominciare da colui (Cagnazzo) che era più restio a fare questo".

Il diavolo Alichino esorta perciò gli altri demòni a lasciarlo libero e a nascondersi dietro l'argine che cade a strapiombo nella VI Bolgia, in modo che i dannati nella pece non possano vederli. Tutti i demòni obbediscono ad Alichino e... altro colpo di scena: il barattiere approfitta di un momento di stasi per divincolarsi, saltare via e immergersi sotto la pece.

Non l'avesse mai fatto!

I Malebranche si pentono dell'errore e Alichino si getta all'inseguimento volando sulla superficie della pece, ma non riuscendo però ad afferrare il barattiere che si immerge lesto: i diavoli sono stati beffati da un dannato, anche loro scontano qui la loro pena, la giustizia divina non fa favoritismi, anche loro sono truffati dai barattieri dei quali sono a guardia.

È interessante notare come cambia la posizione di Ciampolo, da vittima a truffatore, come evidenziato da Mario Petrucciani nelle *Nuove Letture Dantesche*:

> Ciampolo non è più la preda braccata: s'è rincuorato, e per quanto glielo consente l'atroce situazione ha acquistato sicurezza; da uno strato di mera difesa passa, sia pure con cauta baldanza, alla controffensiva, in un "crescendo" astutamente orchestrato che Dante coglie con sapiente precisione stilistica.[54]

A questo punto Calcabrina, infuriato con Alichino, vola verso di lui per azzuffarsi col compagno: va in scena una rissa, una situazione talmente ridicola che sottolinea ancora una volta quanto i demòni siano vittima degli istinti più miseri, senza possibilità di redenzione. Sembra quasi che Calcabrina non aspetti altro, egli gode a prendersela con il compagno Alichino, deve sfogare la sua rabbia: acciuffa Alichino che risponde prontamente, i due finiscono dentro la pece bollente, dove il

---

[54] M. Petrucciani, *Nuove Letture Dantesche*, Vol. II, Le Monnier, Firenze, 1968, p. 205.

calore li induce subito a separarsi, ma la pece imbratta loro le ali e impedisce di levarsi in volo.

Barbariccia, il diavolo a capo del battaglione infernale, infuriato, manda quattro dei suoi in volo sull'altro argine e li dispone in punti precisi con gli uncini, per permettere ad Alichino e a Calcabrina di emergere dalla pece che rende loro difficile la risalita.

Dante e Virgilio, in questa situazione di confusione comico-grottesca, ne approfittano per scappare.

È una scena strepitosa e moderna: due mostri si affrontano e i protagonisti ne approfittano per fuggire. Questo è un espediente che i registi oggi utilizzano spesso, siamo abituati a questi colpi di scena, ma Dante la immagina qui per la prima volta e la inserisce nella sua *Commedia* milletrecentesca che avrà fatto sicuramente sobbalzare il lettore sulla sedia.

Si conclude così il XXII Canto dell'Inferno. È un finale aperto che lascia il lettore appeso alla pagina che ha appena letto e che probabilmente ha divorato tutta di un fiato. Al pari di un thriller, siamo in attesa di conoscere come finirà la storia.

Canto XXIII
La fuga rocambolesca dei poeti

> Canto XXIII, nel quale tratta de la divina vendetta contra
> l'ipocriti; del quale peccato sotto il vocabulo di due cittadini di
> Bologna abomina l'auttore li bolognesi, e li giudei sotto il
> nome d'Anna e di Caifas; e qui è la sesta bolgia.[55]

Per completezza, ho scelto di analizzare la parte iniziale di
questo canto (versi 1-57) che conclude il racconto iniziato nel
XXI Canto. Ricordo che la *Divina Commedia* è tutta da leggere,
non c'è parte che vada tralasciata, ma, come detto
nell'introduzione al libro, è mia intenzione in questa sede
riportare solo determinate vicende. Di seguito perciò le
riflessioni sulla prima parte del Canto che concludono quello
precedente mettendo fine a una delle parti più adrenaliniche ed
avvincenti della Commedia.

I due protagonisti stanno scappando dai diavoli Malebranche
che sono stati appena truffati da un dannato. L'atmosfera è cupa,
grave, assistiamo ad una processione in cui i protagonisti sono
ammutoliti, tanto è la loro preoccupazione. Le prime quattro
terzine sembrano scritte sottovoce:

> *"Taciti, soli, sanza compagnia*
> *n'andavam l'un dinanzi e l'altro dopo,*
> *come frati minor vanno per via.*

> *Vòlt'era in su la favola d'Isopo*
> *lo mio pensier per la presente rissa,*

---

[55] G. Petrocchi (a cura di), *La Commedia secondo l'antica vulgata*, cit.

dov'el parlò de la rana e del topo;

ché più non si pareggia 'mo' e 'issa'
che l'un con l'altro fa, se ben s'accoppia
principio e fine con la mente fissa.

E come l'un pensier de l'altro scoppia,
così nacque di quello un altro poi,
che la prima paura mi fé doppia".
(Dante, *Inferno*, vv. 1-12)

Dante è preoccupato e realizza che probabilmente i diavoli si sono messi al loro inseguimento furiosi di rabbia per aver subito la doppia beffa (erano stati raggirati da un dannato, mentre Dante e Virgilio avevano approfittato per andarsene).
Il Poeta ce lo dice utilizzando una similitudine che rende più che mai l'idea: *ei ne verranno dietro più crudeli che 'l cane a quella lievre ch'elli acceffa*, cioè essi ci verranno dietro più crudeli del cane contro la lepre che vuole azzannare.
Dante al pensiero si sente arricciare i peli dalla paura e manifesta a Virgilio il timore che i diavoli siano già alle loro calcagna; Virgilio aveva già intuito le ansie di Dante perciò gli dice che potranno calarsi nella VI Bolgia se il pendio che vi conduce non sarà troppo ripido, in modo da sfuggire alla caccia dei diavoli.
Il Vate non termina neanche la frase che Dante vede i Malebranche volare verso di loro per afferrarli.
Fermiamoci un attimo.
Dante vede dei diavoli volanti che stanno per acciuffarlo, egli è vivo e come tale prova paura. Dobbiamo calarci nei suoi panni, credere che lui in quella situazione ci si sia trovato realmente, solo così possiamo goderci a pieno questa scena.
Quando la situazione sembra volgere per il peggio, il maestro, Virgilio, con la stessa sollecitudine con cui una madre afferra il figlioletto e lo porta fuori da una casa in fiamme, afferra prontamente Dante e insieme a lui si cala lungo il pendio che

porta alla VI Bolgia, rimanendo supino e tenendolo stretto al petto con l'amore di un padre. Virgilio maestro, guida, amico, padre: ancora una volta il Vate, con gesto amorevole, simile ad uno materno addirittura, salva il suo discepolo da fine certa; assistiamo ancora una volta ad un gesto di amore che sottolinea l'importanza del ruolo di Virgilio per traghettare Dante fuori dal regno della disperazione.

I due giungono rapidissimi sul fondo della Bolgia, proprio nell'attimo in cui i Malebranche arrivano in cima all'argine: i demòni non possono proseguire oltre, per via di un decreto divino che vieta loro di uscire dalla Bolgia che gli è stata assegnata.

Anche in questa situazione torna il simbolismo legato alla Croce e all'Aquila, come evidenziato dal Valli nel libro *La Chiave della Divina Commedia*:

> Virgilio, che non ha visto quello che il suo compagno, illuminato dalla Croce, aveva visto, essendo però perfetto nella vita attiva per la virtù dell'Aquila, opera come il suo compagno non saprebbe e non potrebbe. Prende Dante e prontamente, abbracciato a lui, si precipita dal colle della ripa dura nella sesta bolgia sottostante. Ancora una volta essi sfuggono al male perché sono in due, uno con la Croce e uno con l'Aquila, uno che vede, l'altro che opera.[56]

Dante e Virgilio sono salvi.

Si conclude una galoppata letteraria iniziata due canti prima, significativa sotto diversi aspetti e innovativa come stile.

In ultimo vi chiedo di osservare l'immagine di seguito dipinta da Gustave Doré: i diavoli sono fermi sull'orlo del precipizio, stizziti ed infuriati, vorrebbero straziare i due poeti che dal basso li osservano al sicuro. Credo che questo dipinto renda bene il senso di queste prime terzine del XXIII Canto dell'Inferno con i diavoli che si sporgono dal ciglio del precipizio, impotenti,

---

[56] L. Valli, *La Chiave della Divina Commedia*, Luni Editrice, Milano, 2016, p. 115.

mentre i due poeti vicini guardano in alto e tirano un sospiro di sollievo.
Questa volta il bene ha trionfato sul male.
Un'immagine davvero molto evocativa che riassume abilmente le terzine dantesche.

G. Doré, *Fuga dei due poeti*, in *La Divina Commedia di Dante Alighieri. Ediz. Illustrata*.

Canto XXV
Vanni Fucci: il più spavaldo dei ladri

> Canto XXV, dove si tratta di quella medesima materia che detta è nel capitolo dinanzi a questo, e tratta contr' a' fiorentini, ma in prima sgrida contro a la città di Pistoia; ed è quella medesima bolgia.[57]

I due poeti si trovano nel girone dove sono puniti i ladri e Vanni Fucci, uno dei dannati, ha appena terminato la profezia della sconfitta dei Guelfi Bianchi. Ma chi è costui e perché parlarne? Vanni Fucci, detto bestia, è il personaggio più spavaldo della *Divina Commedia*. Da diverse fonti storiche viene indicato come un uomo dall'indole violenta e incline alla rissa. Finisce nell'Inferno dantesco perché accusato di aver depredato la Cappella di San Jacopo (Pistoia) di oggetti preziosi: tavole d'argento, reliquie e arredi. Va detto che non ci sono molte prove a sostegno di queste accuse, tuttavia Dante lo ritiene responsabile del fatto appena citato confinandolo fra i ladri. In questo girone i dannati sono torturati da orrendi serpenti che li mordono e li riducono in cenere, per poi rigenerarsi nuovamente con fattezze da uomo, subendo così orrende metamorfosi in eterno.

> *"Io piovvi di Toscana,*
> *poco tempo è, in questa gola fiera.*
>
> *Vita bestial mi piacque e non umana,*
> *sì come a mul ch'i' fui; son Vanni Fucci*
> *bestia, e Pistoia mi fu degna tana".*
> (Dante, *Inferno*, vv. 122-126)

---

[57] G. Petrocchi (a cura di), *La Commedia secondo l'antica vulgata*, cit.

Così si presenta Vanni Fucci ai due poeti, fiero della sua vita bestiale e non umana: un essere spregevole, spavaldo e pieno di sé.

Il Canto in questione si apre con un gesto tanto eclatante quanto sconvolgente: senza usare tanti giri di parole, egli bestemmia. Avete capito bene, *bestemmia*: «*Al fine de le sue parole il ladro le mani alzò con amendue le fiche, gridando: "Togli, Dio, ch'a te le squadro!"*». Il ladro, alzando le braccia al cielo, fa il gesto delle "fiche", ovvero un gesto della mano che viene effettuato inserendo tra l'indice e il medio, il pollice, con le altre dita chiuse a pugno: in sostanza l'odierno "dito medio". Inoltre, non contento, Fucci esclama: *"Togli, Dio, ch'a te le squadro!"*, cioè "Prendi, Dio, poiché le rivolgo a te!".

Fermiamoci un attimo: ragioniamo un istante su quanto appena letto. Il canto inizia con un personaggio che non solo bestemmia, ma rivolge un gesto osceno all'Altissimo. Pensiamo a un contemporaneo di Dante, magari ad un religioso che legge una cosa del genere. Cosa avrà pensato? Ma quale autore ha mai scritto una cosa del genere? Questi sono dei versi incredibili ed immensi, innovativi nello stile e precursori delle *commedie* future. Il ladro compie un gesto assurdo e scellerato anche perché osa pronunciare il nome di Dio all'Inferno, cosa severamente vietata. A quel punto, infatti, una serpe gli si attorciglia al collo come a dire "Non voglio che tu dica altro" e un'altra lo immobilizza stringendosi attorno alle braccia, al punto che il dannato non può più muoversi:

> *e un'altra a le braccia, e rilegollo,*
> *ribadendo sé stessa sì dinanzi,*
> *che non potea con esse dare un crollo.*
> (Dante, *Inferno*, vv. 7-9)

Si sente nel verso martellato la forza lenta e irresistibile delle spire che chiudono le braccia sacrileghe in un'immobilità eterna. Il

taglione, così medievalmente logico e
terribile, sembra fatto per questo Poeta, che
ha posto il contrappasso come uno dei
fondamenti dei primi due regni. Esso è una
legge dello spirito di Dante; è la logica del
suo pensiero, la violenza del suo sentimento
tramutate in fantasia.[58]

Occhio per occhio, dente per dente: così come il Fucci si è addentrato nella Cappella di San Jacopo per rubare, silenzioso e spietato come un serpente che punta la preda, così nell'aldilà è bloccato da serpenti che a loro volta mordono gli spiriti sciagurati trasformandoli in rettili; assistiamo ad un macabro circo degli orrori dove i dannati mutano la propria natura da uomo a serpente, diventando viscidi e letali come lo sono stati in vita in quanto ladri. Ma tra tutti, Vanni Fucci è il ladro più superbo, l'unico che osa pronunciare il nome di Dio all'Inferno. Per capire meglio di chi stiamo parlando, ascoltiamo come Dante lo descrive qualche riga più in basso:

> *Per tutt'i cerchi de lo 'nferno scuri*
> *non vidi spirto in Dio tanto superbo,*
> *non quel che cadde a Tebe giù da' muri.*[59]
> (Dante, *Inferno*, vv. 13-15)

Dante afferma, per darci un'idea della superbia del dannato, che Vanni Fucci è addirittura più superbo di Capaneo, eroe della mitologia greca che scalò le mura della città di Tebe ed osò sfidare gli dei finendo poi fulminato da Zeus. Conclude poi le terzine che riguardano Vanni Fucci con un'apostrofe contro Pistoia; il Poeta spesso nella *Commedia* trae spunto da un personaggio per estendere un'invettiva contro una qualche città.

---

⁵⁸ A. Momigliano, *Il significato e le fonti del canto XXV dell'Inferno*, in "Giornale Storico della Letteratura Italiana", XLVIII (1916), p. 48.
⁵⁹ "In tutti i Cerchi oscuri dell'Inferno non vidi mai uno spirito tanto superbo contro Dio, neppure quello che cadde giù dalle mura di Tebe (Capaneo)".

Nell'Inferno Dante ci parla di amministratori pubblici corrotti, simoniaci (chi vende cariche ecclesiastiche per il proprio tornaconto), ladri, traditori, falsari: la *Divina Commedia* sembra il telegiornale di oggi, dove purtroppo troviamo storie simili a quelle dantesche.

Così finisce il Canto XXV dell'Inferno, con il ladro Vanni Fucci immobile, inerme, senza manifestare un qualsiasi minimo cenno di pentimento. La sua anima è sommersa dalla brutalità delle sue azioni, senza possibilità alcuna di cambiamento ed il suo scellerato gesto rappresenta un monito per gli altri dannati, che, come lui, sono sottoposti alla punizione divina.

Un'ultima curiosità: le *fiche*, gesto osceno e scabroso, sono visibili sulla torre del castello pistoiese di Carmignano, così come riportato da Giovanni Villani, contemporaneo di Dante, nella sua Cronica:

> [...] e 'l castello di Carmignano s'arendé al Comune di Firenze.
> E nota che in su la rocca di Carmignano avea una torre alta
> LXX braccia, e ivi due braccia di marmo, che faceano le mani
> le fiche a Firenze, onde per rimproccio usavano gli artifici di
> Firenze quando era loro mostrata moneta o altra cosa, diceano:
> "Nolla veggo, però che m'è dinanzi la rocca di Carmignano";
> e per questa cagione fecioni i Pistolesi le comandamenta de'
> Fiorentini, si come seppino divisare i Fiorentini, e fecioni
> disfare la detta rocca di Carmignano.[60]

---

[60] *Mondi Medievali*,
https://www.mondimedievali.net/Castelli/Toscana/prato/carmignano.html,
26/04/2019.

G. Doré, *La bolgia dei ladri*, in *La Divina Commedia di Dante Alighieri.*
Ediz. Illustrata.

Canto XXVII
Guido da Montefeltro: una storia incredibile

> Canto XXVII, dove tratta di que' medesimi aguatatori e falsi consiglieri d'inganni in persona del conte Guido da Montefeltro.[61]

Ulisse, protagonista del canto precedente a questo, ha appena smesso di parlare e l'attenzione dei due viandanti è attirata da una fiamma che emette un suono. Siamo nella VIII Bolgia in cui sono puniti i consiglieri fraudolenti che scontano la loro pena avvolti nelle fiamme. La fiamma che attira l'attenzione dei poeti nasconde al suo interno Guido da Montefeltro, che merita la nostra attenzione.

Tra tutti i personaggi della *Commedia*, Guido da Montefeltro è il personaggio che suscita maggiore tenerezza con una storia veramente incredibile alle spalle (forse al pari della vicenda Ugolino-Ruggieri). Egli, infatti, nasce condottiero, combattente, militare, per poi convertirsi fino a prendere i voti di frate francescano. Come mai quindi finisce nell'Inferno dantesco?

La sua storia è legata a quella di Papa Bonifacio VIII, successore al trono di Celestino V. Bonifacio VIII favorì l'esilio del Poeta, ragion per cui Dante era fortemente adirato con lui. Anche Celestino V è confinato nell'Inferno dantesco in quanto accusato dal Poeta di aver lasciato lo scranno papale a beneficio di Bonifacio: se Celestino V non avesse abdicato, non sarebbe diventato papa Bonifacio e Dante probabilmente non sarebbe stato esiliato. Bonifacio VIII, al secolo Benedetto Caetani, è stato un papa molto controverso: indusse il primo Giubileo della

---

[61] G. Petrocchi (a cura di), *La Commedia secondo l'antica vulgata*, cit.

storia della Chiesa, fu accusato di frode e simonia, e attaccò i Colonna assediati a Palestrina.

Tornando a Guido di Montefeltro, egli era uomo d'armi, condottiero astuto, famoso in tutto il mondo, grande conoscitore dei raggiri e degli inganni della politica. Una volta vecchio si pentì della sua vita peccaminosa e si fece frate francescano. In quel periodo, papa Bonifacio VIII era in contrasto con i Colonna, casata patrizia romana: non sapeva come farli uscire dalle mura cittadine di Palestrina entro le quali erano asserragliati. Pensò quindi di chiedere consiglio a Guido per beneficiare dell'esperienza da condottiero che egli aveva per risolvere la situazione. Guido dovette obbedire e recarsi dal papa (primo perché in quanto frate rispondeva al Pontefice e poi perché non si poteva dire di no al papa che all'epoca aveva il potere di decretare la morte di una persona). Il frate, ovviamente, esitò: sapeva che, data la sua astuzia, avrebbe dato il consiglio giusto causando morte e distruzione a danno dei Colonna. Lui però ora era frate e non voleva più commettere peccato. Il papa, intuendo le sue remore, lo rassicurò dicendogli che egli possedeva le chiavi del potere papale con le quali poteva già assolverlo per il suo peccato. Guido, riluttante, parlò, anche perché non poteva rifiutarsi di obbedire al papa e disse:

> *e dissi: "Padre, da che tu mi lavi*
>
> *di quel peccato ov'io mo cader deggio,*
> *lunga promessa con l'attender corto*
> *ti farà trïunfar ne l'alto seggio".*[62]
> (Dante, *Inferno*, vv. 108-111)

Prometti molto e non concedere nulla: questo il consiglio di Guido al papa. Bonifacio diede ascolto a Guido riuscendo con

---

[62] "Padre, dal momento che tu mi assolvi da quel peccato nel quale debbo ricadere, promettere molto e mantenere poco ti farà trionfare nel trono pontificio".

l'inganno a far uscire i Colonna promettendogli mari e monti, ma senza dargli nulla, anzi, appena essi uscirono dalle mura della città di Palestrina, furono assaliti e decimati dall'esercito pontificio che li attendeva nascosto.

Interessante come Dante descrive la disputa dell'anima di Guido tra un diavolo e San Francesco. San Francesco, il padre dei francescani, infatti, andò a prendere l'anima di Guido reclamandola in Paradiso, ma un diavolo si oppose dicendo che egli doveva in realtà andare all'Inferno per il consiglio fraudolento dato al papa e per il quale lo aveva seguito sino a quel momento. Non si può infatti assolvere chi non si pente della propria colpa, e pentirsi e voler peccare allo stesso tempo è una contraddizione in termini. Il diavolo lo prese con sé e lo derise schernendolo che forse non pensava che lui, demonio, fosse in grado di taluni ragionamenti filosofici. Da allora Guido è confinato nella Bolgia dei consiglieri fraudolenti avvolto dalle fiamme. Ma sentiamo come il demonio si prende gioco del dannato:

> *Francesco venne poi com'io fu' morto,*
> *per me; ma un d'i neri cherubini*
> *li disse: "Non portar: non mi far torto.*
>
> *Venir se ne dee giù tra ' miei meschini*
> *perché diede 'l consiglio frodolente,*
> *dal quale in qua stato li sono a' crini;*
>
> *ch'assolver non si può chi non si pente,*
> *né pentere e volere insieme puossi*
> *per la contradizion che nol consente".*
>
> *Oh me dolente! come mi riscossi*
> *quando mi prese dicendomi: "Forse*

tu non pensavi ch'io loico fossi!".[63]
(Dante, *Inferno*, vv. 112-123)

È interessante constatare che Guido da Montefeltro non parla durante tutto il ragionamento del demonio e anche San Francesco è semplice spettatore che se ne va con le pive nel sacco, a mani vuote. In questo frangente il Male vince sul Bene, anche se questo era un finale già chiaro: San Francesco compie un ultimo disperato tentativo di salvare Guido sapendo che, in realtà, egli è destinato al male eterno. Infatti, non è possibile pentirsi e voler peccare al tempo stesso, perché è una contraddizione in termini e Guido, quando parlò con Bonifacio, era consapevole dell'errore che stava per commettere. Come nota Siro A. Chimenz:

> Dal Paradiso sperato all'Inferno, dalle mani di S. Francesco alle unghie del diavolo. Pentimento, monacazione, ammenda, tutto annullato da un piccolo errore logico. E il piccolo Mefistofele si diverte a rinfacciarglielo, e finge con aria ironicamente candida un dubbio che non ha: "Forse tu non pensavi". C'è gusto a punzecchiare la vecchia volpe caduta nel tranello; c'è gusto a trafiggerla nel punto dolente: proprio essa non accorgersi di un errore di calcolo, non prevedere il suo danno![64]

Oltre il danno la beffa, verrebbe da dire.
Alla fine della nostra riflessione, è opportuno chiarire le ragioni per le quali Papa Bonifacio VIII ce l'avesse a morte con i

---

[63] «Non appena morii, poi, san Francesco venne a prendere la mia anima; ma un diavolo gli disse: "Non portarla via: non farmi torto. Egli deve venire giù tra i miei dannati, perché diede il consiglio fraudolento per il quale, da allora a oggi, gli sono stato alle costole. Infatti, non può essere assolto chi non si pente, e non è possibile pentirsi e voler peccare al tempo stesso, perché è una contraddizione in termini". Ah, povero me! Come mi scossi quando mi prese, dicendomi: "Forse tu non pensavi che io fossi filosofo!"».

[64] S. A. Chimenz, *Il canto XXVII dell'Inferno*, Signorelli, Roma, 1958, p. 19.

Colonna. La spiegazione la forniscono Enrico Malato e Andrea Mazzucchi nella *Lectura Dantis Romana*:

> Lo scontro fra Bonifacio VIII e i Colonna scoppia il 3 maggio 1297, quando Stefano Colonna fa rubare in viaggio, con un'azione da bandito da strada, il tesoro (a quanto pare immenso) di Bonifacio VIII e lo fa portare appunto a Palestrina, la più imprendibile delle roccaforti del sistema territoriale-militare della famiglia Colonna. Immediatamente il papa, furioso, risponde ingiungendo ai Colonna non solo di restituire il tesoro, ma anche di consegnare, entro tre giorni, le rocche di Palestrina, Zagarolo e Colonna. Il tesoro viene subito restituito, ma non le tre rocche. Al contrario, nel giro di pochissimi giorni, c'è da entrambe le parti una raffica simultanea di atti di estrema ostilità. Il papa, il giorno 10, tiene un discorso ai cardinali in San Pietro contro i Colonna ed emette la bolla *In excelso throno*, in cui esige la consegna delle tre roccaforti, visto il pericolo che servano di appoggio al nemico della Chiesa Federico III d'Aragona; e, poiché i Colonna si rifiutano di farlo, meritano di essere puniti con la perdita della dignità cardinalizia e la scomunica. Contemporaneamente, dal castello di Lunghezza, i Colonna emettono un manifesto (di cui si conservano quattro copie sigillate fatte a Palestrina), sottoscritto anche da tre francescani spirituali fra cui Iacopone, in cui dichiarano illegittime le dimissioni di Celestino V e l'elezione di Bonifacio, definiscono il suo governo tirannico e lo accusano di aver fatto morire il suo predecessore. [...] Alla fine di una escalation inarrestabile di accuse reciproche, il 14 dicembre Bonifacio trasforma la semplice guerra in una vera e propria crociata. La crociata è specificamente puntata contro Palestrina e la sua direzione affidata al cardinale Matteo d'Acquasparta. Tra febbraio e marzo 1298 Firenze conferma le sue truppe (e i banchieri fiorentini i fondi a sostegno) e altre ne vengono dai templari, dai cistercensi e dall'ordine teutonico. Palestrina viene conquistata e rasa al suolo il 21 giugno.[65]

---

[65] E. Malato, A. Mazzucchi (a cura di), *Canto XXVII. Il "mal consiglio" del "nobilissimo nostro latino Guido Montefeltrano"*, in *Lectura Dantis Romana. Cento canti per cento anni, I. Inferno*, Tomo II, Canti XVIII - XXXIV, Roma, Salerno Editrice, 2013, pp. 851-889.

Appare quindi comprensibile l'ira di Bonifacio che non giustifica le azioni commesse, ma quantomeno appare fondata sulla base di una serie di elementi tangibili.
Si conclude con un velo di tristezza che cala sul lettore uno dei canti più interessanti del poema. Interessante sia dal punto di vista umano, sia come trama, dato che coinvolge un papa, un guerriero-frate, una famiglia nobile, un diavolo e San Francesco. Una storia tanto affascinante quanto assurda nell'epilogo.

Canto XXXII
Il lago Cocito che gela ogni emozione

Canto XXXII, nel quale tratta de' traditori di loro schiatta e de' traditori de la loro patria, che sono nel pozzo de l'Inferno.[66]

Siamo giunti alla triade finale, agli ultimi tre Canti dell'Inferno di Dante Alighieri. Questi canti hanno in comune l'asprezza e la durezza delle rime (*-accia, -etti, -ecchi, -azzi, -ezzo, -este, -occa, -eschi, -uca*) che sottolineano l'ostilità di questi luoghi, con una netta prevalenza delle consonanti *c*, *z* e *t*[67] Inoltre, Dante utilizza le immagini e i comportamenti che determinati animali evocano nella mente del lettore per spiegare più approfonditamente il senso del discorso: *pecora, rana, cicogna, becchi*, e ancora *visi cagnazzi* e *parole dette latrando come un cane*; è una sorta di regressione linguistica che culmina alla fine del Canto con la visione da parte dei due poeti del conte Ugolino che mostra un odio bestiale nei confronti dell'arcivescovo Ruggieri definito per l'appunto *bestiale*. A questa durezza di linguaggio sono associati peccati per i quali il Poeta prova particolare disprezzo, il tema comune dei Canti finali è il tradimento (traditori dei parenti, traditori della patria, traditori dei benefattori), tematica che si esaurirà nel XXXIV Canto con il termine del viaggio nel mondo della perdizione.

Altro elemento costante che accomuna i canti finali dell'Inferno è il freddo. Durante tutto il viaggio Dante e Virgilio hanno visto e oltrepassato fiumi bollenti – Acheronte, Flegetonte e Stige – dai quali i dannati, laddove possibile, cercavano di fuggire

---

[66] G. Petrocchi (a cura di), *La Commedia secondo l'antica vulgata*, cit.
[67] *La Divina Commedia*,
https://divinacommedia.weebly.com/inferno-canto-xxxii.html, 27/04/2019.

anche solo per un istante per cercare un po' di refrigerio (salvo poi essere dilaniati e riacciuffati dai diavoli come nel caso dei barattieri).

Ricordo che Dante spesso si rifà all'*Eneide* di Virgilio come ad esempio per il Flegetonte, il quale viene citato proprio nell'*Eneide* nell'invocazione compiuta da Enea al momento del suo ingresso negli inferi. Il Vate attraversa quindi tre fiumi bollenti prima di arrivare al *lago Cocito*:

- l'*Acheronte*, detto "fiume del dolore", su cui Caronte trasporta i dannati;
- il *Flegetonte*, "fiume del fuoco" nel quale sono immersi predoni e assassini;
- lo *Stige*, "fiume dell'odio", in cui sono puniti gli iracondi, che sono immersi nel fango e si colpiscono a vicenda con schiaffi, pugni, morsi. Sott'acqua sono posti gli accidiosi, ovvero gli iracondi "tristi" che non sfogarono la loro rabbia in vita ma covarono nell'animo il desiderio di rivalsa; essi ripetono una specie di ritornello in cui confessano la loro colpa, facendo gorgogliare la superficie dell'acqua.

I dannati puniti nei fiumi sopra descritti si muovono, parlano, si azzuffano; qui, nel lago Cocito, invece, siamo al cospetto del freddo che gela i movimenti e le emozioni: i simoniaci muovono in modo convulso i piedi perché bruciati dalle fiamme, gli iracondi immersi nello Stige si azzuffano, nel Flegetonte si trovano gli spiriti che vengono trafitti dai centauri se provano ad emergere più del dovuto dal fiume bollente; sono tutti preda delle loro passioni anche se distorte, si dimenano, ma qui non succede niente di tutto ciò. I dannati sono conficcati con il corpo nel ghiaccio potendo muovere solo la testa che rimane fuori, si mordono, parlano, ma con estrema difficoltà perché il ghiaccio toglie loro il fiato, appesantisce i movimenti e solidifica le loro lacrime.

Il lago Cocito, non fiume ma lago, il cui nome significa "lamento", "pianto", ma anche "fiume di ghiaccio", è suddiviso in quattro zone concentriche: *Caina*, *Antenòra*, *Tolomea* e *Giudecca*.

I due poeti si trovano ora nella Caina, che deve il suo nome al personaggio biblico Caino, che uccise il fratello e che per questo motivo ospita i traditori dei parenti.

Il Canto, inoltre, presenta due particolarità: il silenzio di Virgilio che per la prima volta e per un intero Canto non parla e l'elevato numero di contemporanei di Dante, gente ancora in vita che il Poeta ha messo all'Inferno.

Dante e Virgilio iniziano a muoversi sulla superficie del lago Cocito, dove il gigante Anteo li ha deposti. Dopo aver incontrato alcuni dannati, i due si spostano nella zona chiamata Antenòra, che deve il nome ad Antenore, personaggio dell'*Eneide*. Particolare attenzione merita questo luogo in quanto assistiamo a qualcosa di inaspettato: Dante mette le mani addosso a un dannato, tale è il suo disprezzo per i traditori. Questi dannati si odiano a tal punto da non mostrare alcuna solidarietà fra loro, non esitano anzi a nominare i compagni di pena perché ciò vada a loro infamia (sono traditori anche nell'Oltretomba, proprio come lo furono nella loro vita scellerata). La pena richiama la legge del contrappasso: come loro in vita furono freddi, inesorabili nel tradire, qui all'Inferno sono immersi nel ghiaccio e con la stessa freddezza non esitano a tradire i loro sfortunati compagni.

Il disprezzo di Dante nei loro confronti è tale da sfociare in un atto di violenza: Dante afferra per la collottola un dannato che non vuole rivelare il proprio nome, gli strappa più di un capello, ma il dannato si ostina nel suo silenzio rivolgendo solo parole di sfida. Il Poeta continua a straziare lo sciagurato che latra come un cane, mentre un altro dannato, chiamandolo per nome, lo ammonisce e gli dice di tacere. Sembra di assistere alla scena di un interrogatorio di un *film* poliziesco in cui l'agente cerca di estorcere la confessione al criminale. Allo stesso modo Dante prova a strappare il nome al dannato che gli resiste imperterrito prendendosi gioco di lui:

> *Allor lo presi per la cuticagna,*
> *e dissi: "El converrà che tu ti nomi,*
> *o che capel qui sù non ti rimagna".*
>
> *Ond'elli a me: "Perché tu mi dischiomi,*
> *né ti dirò ch'io sia, né mosterrolti,*
> *se mille fiate in sul capo mi tomi".*[68]
> (Dante, *Inferno*, vv. 97-102)

Ecco la lettura che Carlo Grabher dà riguardo il gesto di Dante nei confronti del dannato:

> Il contrasto si fa selvaggio, senza più parole. Dante aveva non solo afferrati ma *"Avvolti in mani i capelli"* per essere più saldo alla presa. [...] La passione conduce il Poeta a un gesto disumano, eppure anche qui si ha la misura dell'ardore con cui egli lottò per tutti i suoi ideali e risentiamo quello stesso Dante nel *Convivio* che, a difendere il concetto di "nobiltà", avrebbe voluto rispondere *"non con le parole ma col coltello"*.[69]

Un gesto scellerato, impulsivo, che, come già detto in precedenza, è sinonimo per Dante di un carattere colorito e ardimentoso. Il Poeta di certo non si faceva scrupoli a lottare per un ideale o una causa che riteneva giusta e, se solo avesse potuto, avrebbe accantonato la sua proverbiale retorica a beneficio delle armi. Di certo Dante è un Poeta fuori dalle righe, un tipo talvolta istintivo, ma che sicuramente viveva con passione le vicende della sua epoca.

---

[68] «Allora lo afferrai per la collottola e dissi: "Farai bene a dirmi il tuo nome, o non ti rimarrà neanche un capello". E lui a me: "Anche se mi strapperai tutti i capelli, non ti dirò chi sono e non mi mostrerò nemmeno se mi colpirai sul capo mille volte"».
[69] C. Grabher, *Letture dantesche*, Sansoni, Firenze, 1964, p. 620.

A questo punto Bocca degli Abati, questo il nome dello spirito, esorta nuovamente Dante ad andarsene e a dire di lui ciò che vuole, ma non dovrà tacere i nomi di altri traditori della patria che sono lì insieme a lui, a cominciare da quello che ha fatto il suo nome. Bocca indica Tesauro dei Beccheria, Gianni dei Soldanieri, Gano di Maganza e Tebaldello Zambrasi: calunnia tutti solo per il gusto di recare loro un danno, in preda ai suoi brutali istinti e alla sua cattiveria che neanche il gelo placa.

Il Canto termina con la visione da parte dei due viandanti di un dannato, il conte Ugolino, che addenta il capo di un'altra anima sciagurata, quella dell'arcivescovo Ruggieri: un'immagine di cruda violenza che conclude un canto dove qui più che mai gli spiriti sono paragonati a bestie che, quasi come si trattasse di predatore e preda, arrivano a mordersi. Ma questo non è che l'inizio di una vicenda che verrà approfondita nel canto successivo. Come in un film horror il peggio deve ancora venire...

Canto XXXIII
Il Conte Ugolino: colpevole o vittima?

> Canto XXXIII, ove tratta di quelli che tradirono coloro che in loro tutto si fidavano, e coloro da cui erano stati promossi a dignità e grande stato; e riprende qui i Pisani e i Genovesi.[70]

Il Canto XXXIII è uno dei più angoscianti di tutta l'opera, in cui il lettore assume il punto di vista del protagonista (nella prima parte del canto è il conte Ugolino) e si dispiace per l'atroce vicenda che ha patito in vita e per la sua condizione all'Inferno. Ci troviamo nell'Antenòra, dove sono puniti i traditori della patria. Il peccatore apostrofato da Dante alla fine del Canto precedente è intento ad addentare bestialmente il cranio del compagno di pena. Il dannato dichiara di essere il conte Ugolino, mentre lo sventurato vicino è l'arcivescovo Ruggieri; Ugolino racconterà la sua storia per infamare l'arcivescovo anche se questo ricordo gli causerà dolore.
Il canto si apre con uno tra gli endecasillabi più celebri della storia della letteratura:

> *La bocca sollevò dal fiero pasto*
> *quel peccator, forbendola a' capelli*
> *del capo ch'elli avea di retro guasto.*
> (Dante, *Inferno*, vv. 1-3)

La parafrasi è più che mai superflua: un dannato sta mordendo la testa di un altro peccatore, alza la testa nella direzione dei due poeti e si pulisce la bocca con i capelli del suo sventurato compagno. Immaginiamo la scena, i movimenti del dannato che

---

[70] G. Petrocchi (a cura di), *La Commedia secondo l'antica vulgata*, cit.

si gira mentre si pulisce la bocca come fosse un barbaro che guarda in cagnesco colui che l'ha distolto dal suo banchetto.

Dante vuole che il dannato parli, il peccatore quindi accetta e si abbandona ad un lungo racconto.

Volendo riassumere all'osso la vicenda che merita di essere letta per intero, tanto è il *pathos* narrativo che si perde in prosa, è possibile semplificare dicendo che Ugolino fu imprigionato da Ruggieri in una torre con i suoi quattro figli (anche se in realtà due erano nipoti). Dopo giorni di digiuno, Ugolino, colto da rabbia nel vedere i propri figli smagriti e affamati, si morse le mani. I figlioli pensando che lo avesse fatto per fame, gli proposero di mangiare le loro stesse carni per nutrirsi. Allora Ugolino si calmò per non accrescere la pena dei figli. Da lì a sei giorni tutti i bambini morirono di fame e anche lui, reso cieco dal digiuno, perì.

Il racconto è il più straziante della *Commedia*, tanto che il Conte arriva a dire a Dante subito poco dopo aver iniziato a parlare "C'è bisogno che continui con la storia?", tanto è l'inaudita sofferenza che egli ha provato nella torre e che traspare dalle sue parole, un vero e proprio inferno sulla terra. Ma Ugolino, ovviamente, continua in un crescendo straziante che culmina con queste terzine che sono delle vere e proprie coltellate al cuore del lettore:

> *Poscia che fummo al quarto dì venuti,*
> *Gaddo mi si gittò disteso a' piedi,*
> *dicendo: "Padre mio, ché non mi aiuti?".*
>
> *Quivi morì; e come tu mi vedi,*
> *vid'io cascar li tre ad uno ad uno*
> *tra 'l quinto dì e 'l sesto; ond'io mi diedi,*
> *già cieco, a brancolar sovra ciascuno,*
> *e due dì li chiamai, poi che fur morti.*

Poscia, più che 'l dolor, poté 'l digiuno.[71]
(Dante, *Inferno*, vv. 67-75)

Un padre che nulla può per alleviare il dolore dei figli, consapevole della fine imminente, nella cui testa riecheggiano per giorni le parole del più piccolo: "Padre mio, perché non m'aiuti?", fino alla sua morte che appare quasi come una liberazione. Una storia davvero drammatica che non può non far pena a chi legge: un padre che vede morire i propri figli di fame, impotente, non può non destare un tuffo al cuore, al di là dei motivi che lo hanno portato agli Inferi. Tra l'altro c'è il danno oltre la beffa: in vita Ugolino è morto di fame, da morto mangia la testa del proprio nemico, non un contrappasso, ma una condizione paradossale e tragica.
È qui necessaria una breve digressione per spiegare il motivo dell'incarcerazione del Conte da parte dell'arcivescovo:

Ugolino della Gherardésca fu nobile pisano (m. 1289). Seguì dapprima la parte ghibellina; poi si accostò al partito guelfo dei Visconti, adoperandosi per il trattato che Pisa strinse nel 1272 con Carlo d'Angiò. Dopo un breve bando da Pisa acquistò prestigio per una incursione pisana nel porto di Genova; alla battaglia della Meloria nel 1284 si ritirò invece con le sue navi, dando così adito a voci di tradimento. Nel 1285, eletto Capitano del popolo per 10 anni, tentò un accordo coi guelfi cedendo a Lucca e a Firenze alcuni castelli, mentre continuava la guerra con Genova. Per rafforzare il suo potere, si associò il nipote Nino Visconti, col quale compì riforme favorevoli al basso popolo. Guastatosi poi col Visconti, si alleò con l'arcivescovo Ruggieri degli Ubaldini e con la nobiltà ghibellina. Il Visconti fu cacciato, ma poco dopo l'arcivescovo, col concorso delle casate ghibelline, fece imprigionare il conte (1288), che, chiuso nella "muda" dei

---

[71] «Quando arrivammo al quarto giorno, Gaddo, il più piccolo dei bimbi, si gettò davanti ai miei piedi, dicendo: "Padre mio, perché non m'aiuti?". Qui morì; e come tu mi vedi, così io vidi cadere uno a uno gli altri tre, tra il quinto e il sesto giorno; allora io, già cieco e moribondo, andai brancolando sopra i loro corpi, e li chiamai per due giorni dopo la loro morte. In seguito, più che il dolore, mi uccise la fame».

Gualandi, fu lasciato morire di fame insieme con i figli e nipoti[72].

Fu la pesante sconfitta della Meloria ed il sospetto sulle manovre militari di Ugolino che diede modo all'arcivescovo di inserirsi nel dissidio fra Ugolino e Nino Visconti, con lo scopo di risollevare le sorti della parte ghibellina di Pisa. Con abili manovre, Ruggieri riuscì a scacciare Nino Visconti dalla città nel 1288 facendo imprigionare l'anno successivo Ugolino e gli altri uomini della famiglia Della Gherardesca decretandone di fatto la morte. Ottenuto il potere, tuttavia, Ruggieri non seppe gestirlo, sopraffatto dai contrasti interni e dal biasimo papale per la sua condotta. Nel 1295 morì a Viterbo: più che sacerdote, fu un astuto politico che pensò più ai suoi interessi e a quelli della città di Pisa che a perseguire le finalità del sacerdozio.

Al termine del monologo del Conte, Dante si abbandona a una violenta invettiva contro la città di Pisa, patria di Ugolino, definita come la vergogna dei popoli di tutta Italia. Come spesso accade, Dante prende spunto da una vicenda per estendere un'invettiva ad una popolazione. Ricordiamo che nella *Divina Commedia* troviamo spesso racconti estremi che destano scalpore: per dare il senso del peccato, il Poeta sceglie fatti clamorosi e personaggi assurdi che come tali rendono bene l'idea che Dante vuole veicolare in quel momento. Ad esempio, si parla del traditore per eccellenza, Giuda, che tradì Gesù Cristo, di Vanni Fucci, il più spregevole dei ladri, di Bruto e Cassio che uccisero Giulio Cesare: personaggi più o meno noti che incarnano chiaramente il loro peccato.

Dante e Virgilio passano nella zona successiva, la Tolomea, dove sono puniti i traditori degli ospiti: questi sono imprigionati nel ghiaccio col volto all'insù. La Tolomea deve il nome al personaggio biblico *Tolomeo di Gerico*, che uccise a tradimento

---

[72] *Ugolino della Gherardésca - Treccani.it*,
http://www.treccani.it/enciclopedia/gherardesca-ugolino-della-conte-di-donoratico/,
28/04/2019.

Simone Maccabeo e i suoi figli dopo averli invitati ad un banchetto. Assistiamo qui all'applicazione della legge del contrappasso per mano dello stesso Dante che tradisce una promessa fatta al dannato. Ma procediamo con ordine.

Uno degli sciagurati immersi nel ghiaccio si rivolge ai due poeti e, scambiandoli per dannati, li prega di levargli il ghiaccio dagli occhi, così da potere sfogare il dolore che gli opprime il cuore prima che le lacrime si congelino nuovamente. Dante, che qui non prova pietà alcuna per il peccatore, risponde che lo farà (mentre invece sta bluffando) a patto che il dannato riveli il proprio nome. Lo sciagurato abbocca alla menzogna propinatagli da Dante rispondendo di essere frate Alberigo. Anche questa volta i contemporanei di Dante avranno fatto un balzo sulla sedia perché Alberigo era ancora vivo. Un altro frate all'Inferno, Dante proprio non fa sconti. Ma cosa ha fatto quest'uomo per "meritarsi" il fondo del regno del male, laddove sono puniti i peggiori peccatori dell'umanità?

> Alberigo dei Manfredi, faentino di parte guelfa, apparteneva all'Ordine dei frati godenti. Frati godenti venivano chiamati i Cavalieri di Santa Maria. Questo ordine, costituito da chierici e laici, aveva il compito sia di contrastare le eresie, sia di pacificare le avverse fazioni cittadine e, per questi motivi, i membri dell'Ordine avevano il permesso di portare armi. La tendenza dell'Ordine a scendere a compromessi con la vita agiata e mondana dei suoi membri determinarono forse l'uso del soprannome di "frati godenti", che non aveva un connotato dispregiativo.[73]

Egli finisce all'Inferno non per il "porto d'armi" né per la vita mondana e agiata, ma per aver fatto trucidare alcuni suoi parenti con i quali era in disaccordo durante un pranzo che sarebbe dovuto essere di rappacificazione. È chiaro quindi il motivo per cui il frate sconta i suoi peccati tra i traditori.

---

[73] *La Società Dante Alighieri*,
https://ladante.it/DanteAlighieri/hochfeiler/inferno/person/alberigo.htm, 02/05/2019.

Dante perciò è stupito di vedere il monaco lì, in quanto crede che Alberigo non sia ancora morto. Il peccatore spiega che egli infatti non è morto e che non ha idea di come e da chi sia governato il suo corpo sulla Terra, in quanto nella Tolomea avviene spesso che un'anima vi finisca prima di giungere alla fine naturale della vita: questo accade ai dannati che si macchiano di crimini atroci per i quali la loro anima lascia il corpo appena commesso il peccato e va all'Inferno, mentre il corpo viene governato da un demone. Per questi dannati nemmeno il pentimento è più contemplato: appena commesso il peccato, il loro corpo viene subito governato da un diavolo, mentre l'anima va direttamente all'Inferno. È chiaro il disprezzo che prova l'autore per questi sciagurati.

Il monaco invita Dante a mantenere la promessa e ad aprirgli gli occhi, ma il Poeta non lo fa, affermando che fu cortesia essersi comportato da villano con lui: *"E io non gliel'apersi; e cortesia fu lui esser villano"*, cioè che fu moralmente giusto esser villano, esser maleducato con lui. Chiaro esempio questo di contrappasso: come tu in vita hai tradito, anche qui all'Inferno sei ripagato della tua stessa moneta, beffato dal tuo stesso peccato; Dante non compie peccato tradendo la fiducia di un traditore, egli è in quel momento un ampliamento della Giustizia Divina, legittimato dalla volontà di Dio.

Come già accennato, protagonista del canto è la vicenda Ugolino-Ruggieri che trova collocazione nell'Inferno in quanto i due sono giudicati colpevoli dalla giustizia divina per i peccati commessi sulla terra. È da notare però che proprio al Conte viene affidato il monologo più lungo di tutto l'Inferno, quasi come se si volesse riabilitare la sua figura agli occhi del lettore tramite la diffusione della verità della loro storia unicamente dal suo punto di vista. Da una parte Ugolino rappresenta l'uomo politico che non è sceso mai a compromessi e che ha soddisfatto la sua brama di potere in modo più o meno lecito, dall'altra viene dipinto da Dante come un padre straziato dal dolore per la morte dei figli: al lettore la scelta se condannarlo come peccatore o riabilitarlo come vittima.

G. Doré, *Conte Ugolino, Vescovo Ruggieri,* in *La Divina Commedia di Dante Alighieri. Ediz. Illustrata.*

Canto XXXIV
Lucifero: il male innanzi ai nostri occhi

> Canto XXXIV e ultimo de la prima cantica di Dante Alleghieri
> di Fiorenza, nel qual canto tratta di Belzebù principe de'
> dimoni e de' traditori di loro signori, e narra come uscie de
> l'Inferno.[74]

Siamo giunti al termine del viaggio dantesco nel regno della dannazione. È il pomeriggio di sabato 9 aprile (o 26 marzo) del 1300, verso le sette nell'emisfero boreale; nell'emisfero australe è la mattina di domenica 10 aprile (o 27 marzo) del 1300, alle sette e mezza circa.

Questo Canto è l'epilogo di un percorso tanto difficile quanto affascinante in cui i protagonisti hanno visto la sofferenza e la disperazione negli occhi dei dannati. L'Inferno è la Cantica delle tenebre, dove gli sciagurati soffrono senza possibilità di redenzione, è la Cantica delle anime perse che sono preda delle loro pulsioni, il luogo del Male eterno. Dante e Virgilio hanno incontrato demòni, mostri, dannati, hanno sentito il calore e la puzza dei fiumi infernali, hanno temuto per la loro incolumità. Dante è anche svenuto e ha pianto, sopraffatto da cotanto sgomento.

Il canto si apre con una frase in latino, l'unica di tutto l'Inferno, *Vexilla regis prodeunt inferni*, cioè "Si avvicinano i vessilli del re dell'Inferno". Il primo verso è una parafrasi del verso inziale dell'*Inno alla Croce* di Venanzio Fortunato, scrittore cristiano del VI secolo che tuona come un monito, al pari della scritta sovrastante la porta dell'Inferno. Dante sta per vedere Satana,

---

[74] G. Petrocchi (a cura di), *La Commedia secondo l'antica vulgata*, cit.

l'angelo ribelle re degli inferi, la causa di ogni male, l'essere immondo.

L'autore, sapientemente, non lo manifesta subito agli occhi del lettore, ma crea prima suspense: la paura era talmente forte che Dante non ha parole per descriverla e che addirittura né morì né rimase in vita, ma immaginiamo che si sia trovato in uno stato simile a quello catatonico.

> *"Com'io divenni allor gelato e fioco,*
> *nol dimandar, lettor, ch'i' non lo scrivo,*
> *però ch'ogne parlar sarebbe poco.*
>
> *Io non mori' e non rimasi vivo:*
> *pensa oggimai per te, s'hai fior d'ingegno,*
> *qual io divenni, d'uno e d'altro privo.*[75]
> (Dante, *Inferno*, vv. 23-27)

Neanche la vicinanza di Virgilio può rincuorarlo tanto è terrorizzato, quasi da sentirsi sospeso tra la vita e la morte. Un'attesa così snervante da mettere a dura prova il più spavaldo degli uomini. Dante, ricordiamolo, attraversa l'Inferno da vivo e pretende che noi gli crediamo, solo mettendoci nei suoi panni possiamo goderci la lettura dell'Inferno e della *Divina Commedia* tutta (tecnicamente questo procedimento si definisce *sospensione dell'incredulità*: è la stessa cosa che proviamo nel goderci un film horror). Un essere vivente, un uomo, fragile, sta per incontrare l'origine di ogni male, il Diavolo, mai Dante è stato così teso come lo è in quel momento.

Ma ecco che si manifesta Satana in tutta la sua orribile magnificenza: conficcato con le gambe nel ghiaccio, enorme, ricoperto di lunghi peli, con un capo con tre facce di colore

---

[75] "Non domandare, lettore, come io in quel momento raggelai e ammutolii: non lo scrivo, poiché ogni parola sarebbe inadeguata. Io non morii e non rimasi in vita: pensa oramai da te, se hai un po' d'ingegno, come divenni in quello stato sospeso tra la vita e la morte".

diverso con sotto ad ognuna ali da pipistrello che producono un vento freddo.

Ma leggiamo come lo introduce il Poeta e vediamo qual è la sua condizione:

> Lo 'mperador del doloroso regno
> da mezzo 'l petto uscìa fuor de la ghiaccia;
> e più con un gigante io mi convegno,
>
> che i giganti non fan con le sue braccia:
> vedi oggimai quant'esser dee quel tutto
> ch'a così fatta parte si confaccia.
>
> S'el fu sì bel com'elli è ora brutto,
> e contra 'l suo fattore alzò le ciglia,
> ben dee da lui proceder ogne lutto.
>
> Oh quanto parve a me gran maraviglia
> quand'io vidi tre facce a la sua testa!
> L'una dinanzi, e quella era vermiglia;
>
> l'altr'eran due, che s'aggiugnieno a questa
> sovresso 'l mezzo di ciascuna spalla,
> e sé giugnieno al loco de la cresta:
>
> e la destra parea tra bianca e gialla;
> la sinistra a vedere era tal, quali
> vegnon di là onde 'l Nilo s'avvalla.
>
> Sotto ciascuna uscivan due grand'ali,
> quanto si convenia a tanto uccello:
> vele di mar non vid'io mai cotali.
>
> Non avean penne, ma di vispistrello
> era lor modo; e quelle svolazzava,

sì che tre venti si movean da ello:

quindi Cocito tutto s'aggelava.
Con sei occhi piangea, e per tre menti
gocciava 'l pianto e sanguinosa bava.

Da ogne bocca dirompea co' denti
un peccatore, a guisa di maciulla,
sì che tre ne facea così dolenti.

A quel dinanzi il mordere era nulla
verso 'l graffiar, che talvolta la schiena
rimanea de la pelle tutta brulla.

"Quell'anima là sù c'ha maggior pena",
disse 'l maestro, "è Giuda Scariotto,
che 'l capo ha dentro e fuor le gambe mena.

De li altri due c'hanno il capo di sotto,
quel che pende dal nero ceffo è Bruto:
vedi come si storce, e non fa motto!;

e l'altro è Cassio che par sì membruto.
Ma la notte risurge, e oramai
è da partir, ché tutto avem veduto".
(Dante, *Inferno*, vv. 31-69)

Una descrizione impressionante in netto contrasto con le sembianze che il re delle tenebre aveva quando era l'angelo Lucifero e cioè prima della sua cacciata dal Cielo. Enorme, mostruoso, minaccioso, si staglia di fronte ai poeti che rimangono sbigottiti. Tanto è stato bello in precedenza, tanto è orribile ora: come sempre la giustizia divina dà ad ognuno ciò che si merita in misura direttamente proporzionale alla sua colpa.

Anche il numero delle facce (3) non è casuale e rappresenta un rovesciamento della Trinità di cui Lucifero cercò di prendere il posto ribellandosi a Dio, commettendo così il supremo tradimento, il che spiega il motivo per il quale sia conficcato al centro del IX Cerchio in cui proprio tale peccato è punito. Allo stesso modo i tre colori sono rappresentativi delle tre passioni contrapposte ai valori della Trinità. Se la Trinità infatti è *Potenza*, *Sapienza* e *Amore*, Lucifero è *Odio* (il rosso acceso), *Debolezza* (il giallo pallido) e *Ignoranza* (il nero, indicante la tenebra dell'intelletto).

Lucifero piange con sei occhi e le lacrime gocciolano sui tre menti, mischiandosi a una bava sanguinolenta. In ognuna delle tre bocche mastica e dilania un peccatore: al centro Giuda Iscariota, ai lati Bruto e Cassio. Giuda in quanto traditore di Gesù Cristo, Bruto e Cassio traditori di Giulio Cesare, essi sono i traditori per eccellenza in quanto hanno ingannato Cristo (figlio di Dio da cui deriva il Cristianesimo) e Giulio Cesare (l'imperatore che per eccellenza rappresenta l'Impero) che rappresentano le massime autorità spirituali e temporali.

Ma facciamo attenzione. Non dobbiamo credere che Lucifero pianga come gli altri dannati che,

> [...] pur non esprimendo pentimento ma solo dolore e odio, non sono privi di una certa partecipazione umana (e sin dal primo sentire i sospiri e i pianti e gli alti guai, sul limitare della porta dell'Inferno, Dante unisce a quelle dei dannati le proprie lacrime: *per ch'io al cominciar ne lagrimai*). Il pianto di Lucifero, ha scritto il Rossi, è un "pianto meccanico, che non turba Lucifero nella sua inerte abitudine di ventilatore meccanico e nella sua opera automatica di gramola e di striglia meccanica".[76]

---

[76] G. Petrocchi, P. Giannantonio, *Itinerari danteschi*, Luigi Loffredo Editore, Napoli, 1970, p. 471.

Belzebù sembra essere estremamente alienato dalla sua condizione, deprivato di ogni minima umanità, ridotto ad essere una mera macina meccanica senza provare emozioni alcune.

Nella descrizione che ci fornisce Dante, tuttavia, il particolare forse più significativo sono le ali di pipistrello, il quale, oltre a essere un animale simbolo del male, rappresenta un opposto sinistro della colomba che identifica lo Spirito Santo. Ancora una volta si assiste ad un ribaltamento di un simbolo di Cristo che diventa, di contro, una connotazione oscura del Re del Male. Riassumendo, Lucifero, l'angelo più bello, è diventato il Signore degli Inferi; tacciato di tradimento e superbia è confinato nel punto più distate a Dio, condannato a dilaniare per sempre Giuda, Bruto e Cassio, tanto imbruttito nell'aspetto quanto nei gesti. Avendo tradito Dio, Lucifero ha perso ogni grazia e ogni bellezza diventando al tempo stesso carnefice e vittima. Satana, infatti, al pari degli altri diavoli, è carceriere delle anime che dilania, ma anche oggetto del castigo divino che agisce su di lui: egli per tutta l'eternità sarà destinato a brutalizzare i dannati che ha nelle fauci, senza possibilità di redenzione.

A questo punto Virgilio inizia la risalita verso la terra attraverso le zampe di Lucifero portando Dante in braccio. Doveroso ricordare il simbolismo della Croce e dell'Aquila che torna in questa situazione in modo estremamente evidente. Virgilio e Dante, infatti, sono qui stretti insieme in un abbraccio con cui vincono l'Inferno utilizzando proprio il mostro infernale come mezzo per la salvezza. Come ha giustamente individuato Luigi Valli:

> La morte diventa vita, la discesa diventa salita, la tomba diventa resurrezione. Con la vittoria generale sull'Inferno è vinto alla fine Lucifero che non può più resistere.[77]

---

[77] L. Valli, *La Chiave della Divina Commedia*, cit., p. 122.

E così, vittoriosi, i due poeti si trovano alla fine della scalata nell'emisfero australe avendo oltrepassato il centro della terra. Virgilio a questo punto spiega come si sia creato l'Inferno: Lucifero fu cacciato dal Paradiso perché si oppose a Dio; precipitando, la terra si aprì per non toccarlo, schifata, ed egli si andò a conficcare al centro della terra. Così nell'emisfero boreale si formò il vuoto della voragine infernale, mentre in quello australe si creò la montagna del Purgatorio.

Finalmente, a distanza di 24 ore dal loro ingresso, Dante e Virgilio escono dal Regno degli Inferi tornando a riveder le stelle.

Con questo Canto si conclude l'Inferno dantesco: da ora in poi Dante è più maturo, ha visto il male eterno, ha interrogato diversi dannati ed ha appreso tramite la sua guida Virgilio i segreti e le regole del mondo sotterraneo. Ora è pronto per il regno della speranza, il Purgatorio, dove la sofferenza non è vana, dove le anime sono penitenti e non dannate, dove tutti sono destinati a ricongiungersi con il Cielo. Il suo fardello è meno pesante, ma non vuoto, e ancora molta strada deve percorrere prima di giungere in Paradiso.

PARTE SECONDA
Il Purgatorio

Introduzione Purgatorio

Dopo aver passato 24 ore nel regno della disperazione, Dante e la sua guida Virgilio si trovano alla foce del Tevere in attesa che un angelo li porti sulla spiaggia che affaccia verso il monte Purgatorio. A differenza dell'Inferno, in questo regno sono confinate le anime che hanno sì peccato in vita, ma che prima di morire si sono ravvedute: esse infatti scontano la loro pena e soffrono punizioni "corporali" finché non passano alla cornice successiva, salendo cioè il monte, fino al Paradiso.

Il Purgatorio è il regno della speranza dove tutti i penitenti (non dannati come all'Inferno) hanno la certezza di giungere in Paradiso, soffrono, ma con gioia. Gli anni di pena sono commisurati alla quantità di peccati commessi in vita, c'è chi va in Paradiso, ad esempio, dopo aver scontato 100 anni di pena nella Cornice degli accidiosi e 300 in quella dei lussuriosi, chi 40 anni in quella dei golosi, 500 in quella degli iracondi e 7 in quella degli avari e prodighi e così via, comunque non oltre il giorno del Giudizio Universale, quando tutti i purganti saranno ammessi in Paradiso indipendentemente dal termine residuo della pena.

In ciascuna Cornice vi è una pena diversa per le anime, punita secondo la *legge del contrappasso*, che impone una pena simmetrica o opposta al peccato commesso. Per questo, ad esempio, i superbi che in vita sono stati altezzosi sono condannati a camminare reggendo sulle spalle degli enormi e pesantissimi massi che li costringono a camminare col volto basso, gli invidiosi che in vita guardavano con cattiveria le persone che ritenevano più fortunate di loro hanno le palpebre cucite col fil di ferro, e così via.

I penitenti, una volta scontata la pena, possono salire al Paradiso Terrestre. Un po' come avviene per un carcerato che appena saldato il suo debito con la giustizia è pronto per una vita diversa, cambiato nella mente e nello spirito (o almeno così dovrebbe essere).

Il passaggio di un'anima dal purgatorio al Paradiso Terrestre viene reso pubblico a tutti i penitenti da un violento terremoto che scuote il monte Purgatorio. Le anime purganti intonano il *Gloria* che accompagna l'ascesa dello spirito in cima alla montagna nel Paradiso Terrestre. A questo punto la bellissima *Matelda* (donna che simboleggia la condizione umana prima del peccato originale) fa immergere l'anima nell'acqua di due fiumi: il Lete e l'Eunoè; nel Lete viene cancellato il ricordo dei peccati commessi, nell'Eunoè si rafforza il ricordo del bene fatto mentre si era in vita. Ora l'anima è purificata e pronta per il Paradiso.

Le anime del Purgatorio possono avere una riduzione degli anni di pena tramite le preghiere da parte dei parenti in vita sulla Terra, ragion per cui secondo alcuni storici questo Regno sarebbe stato inventato per fini di lucro; i fedeli, infatti, pagano per far dire Messa a suffragio dei parenti defunti. Mentre per Inferno e Paradiso la Bibbia è maggiormente esaustiva, è meno esplicita riguardo lo stadio intermedio di purificazione. La creazione del Purgatorio avverrebbe quindi per mano della Chiesa Cattolica che nel 1274 definì per la prima volta la sua dottrina, questo poco dopo cioè la nascita di Dante (1265). Ma ciò non avvenne in modo arbitrario, bensì sulla base di alcuni passi delle Sacre Scritture, infatti[78]

[...] la Chiesa chiama Purgatorio questa purificazione finale degli eletti, che è tutt'altra cosa dal castigo dei dannati. La Chiesa ha formulato la dottrina della fede relativa al Purgatorio

---

[78] *Catechismo della Chiesa Cattolica*,
http://www.vatican.va/archive/catechism_it/p123a12_it.htm
06/05/2019.

soprattutto nei Concili di Firenze e di Trento. La Tradizione della Chiesa, rifacendosi a certi passi della Scrittura, parla di un fuoco purificatore: per quanto riguarda alcune colpe leggere, si deve credere che c'è, prima del giudizio, un fuoco purificatore; infatti colui che è la Verità afferma che, se qualcuno pronuncia una bestemmia contro lo Spirito Santo, non gli sarà perdonata né in questo secolo, né in quello futuro (Mt 12,32). Da questa affermazione si deduce che certe colpe possono essere rimesse in questo secolo, ma certe altre nel secolo futuro.

Anche padre Gabriele Amorth, il sacerdote esorcista più famoso al mondo nel corso della sua lunga vita (si è spento a 91 anni) ha nominato più volte il Purgatorio insistendo sull'efficacia delle Messe di suffragio e definendolo durante un'intervista come

> [...] un ritrovato della Misericordia di Dio che dà la possibilità a quelle anime che sono morte in grazia di Dio, non in peccato mortale, ma che non hanno completato sulla Terra la loro purificazione non potendo quindi entrare in Paradiso, di avere la possibilità di purificarsi [...][79]

ed aggiungendo che le anime dei defunti vanno o in Paradiso, o in Purgatorio ("luogo" di transizione) e poi in Paradiso.

Dalla formalizzazione del Purgatorio ad oggi molte sono le testimonianze sulla sua esistenza. Ad esempio, Padre Pio si racconta vedesse le anime del Purgatorio, tanto che ad una signora di Cerignola che gli domandò di darle un'idea del Purgatorio, egli rispose: "Figlia mia, le anime del purgatorio vorrebbero gettarsi in una sorgente di fuoco terreno, perché per loro sarebbe come una sorgente di acqua fresca". Ricordiamo che per quanto riguarda l'Inferno, questo viene definito come un

---

[79] *Insegnamenti di Padre Amorth - Il Diavolo e l'esorcista,* https://www.youtube.com/watch?v=KqRieNCAHv0, 06/05/2019.

luogo avvolto dal *fuoco eterno* (Mt 25,41): a quanto pare è il fuoco l'elemento che caratterizza sia Inferno che Purgatorio.

Di contro, sempre secondo alcuni mistici, in Paradiso le anime si sentono appagate e felici, immerse in una gioia indescrivibile. Questa tesi trova riscontro anche nelle esperienze NDE (*Near Death Experience*) o esperienze ai confini della morte, vissute da soggetti che hanno avuto gravi malattie o eventi traumatici o da soggetti che hanno vissuto l'esperienza del coma. Gli elementi comuni a chi vive questa esperienza sono *luce*, *pace* e *serenità*. Contrastanti sono le opinioni riguardo questi argomenti, molti sono scettici, altri invece ci credono fermamente, anche la comunità scientifica si divide, quello che è certo è che permangono degli elementi comuni.

Dante plasmò la *Divina Commedia* sulla base dei dettami della Chiesa Cattolica, inserendo elementi che coincidono con quanto ci raccontano oggi esorcisti e Santi: fuoco e dolore per Inferno e Purgatorio (anche se in misura differente), gioia, pace, amore per il Paradiso.

Ciò che chiedo al lettore è di credere che anche il Purgatorio esista, di essere convinto che Dante lo abbia visto veramente, che lo abbia attraversato da vivo. Il viaggio nel Regno della Speranza è tutto da leggere e da scoprire; afferma lo storico Jacques Le Goff nel libro *La nascita del Purgatorio*: "Il Purgatorio di Dante rappresenta la conclusione sublime della lenta genesi del Purgatorio avvenuta nel corso del Medioevo".

Il Purgatorio, nella Divina Commedia, è definito come

> [...] *una montagna altissima che si erge su un'isola al centro dell'emisfero australe totalmente invaso dalle acque, agli antipodi di Gerusalemme, situato al centro dell'emisfero boreale*, ecco come ci introduce al Purgatorio Dante. Secondo la spiegazione di Virgilio (*Inf.*, XXXIV, vv. 121-126), quando Lucifero precipitò dal cielo dopo la sua ribellione, cadde al centro della Terra dalla parte dell'emisfero australe e tutte le terre emerse si ritirarono in quello boreale, per timore del contatto col maligno; si creò così la voragine infernale e la

terra che si era scansata andò a formare la montagna del Purgatorio, che sorge in posizione opposta all'Inferno. L'isola è collegata al centro della Terra da una *natural burella*, una sorta di cunicolo sotterraneo che si estende in tutto l'emisfero meridionale e dove scorre un fiumiciattolo, probabilmente lo scarico del Lete[78].

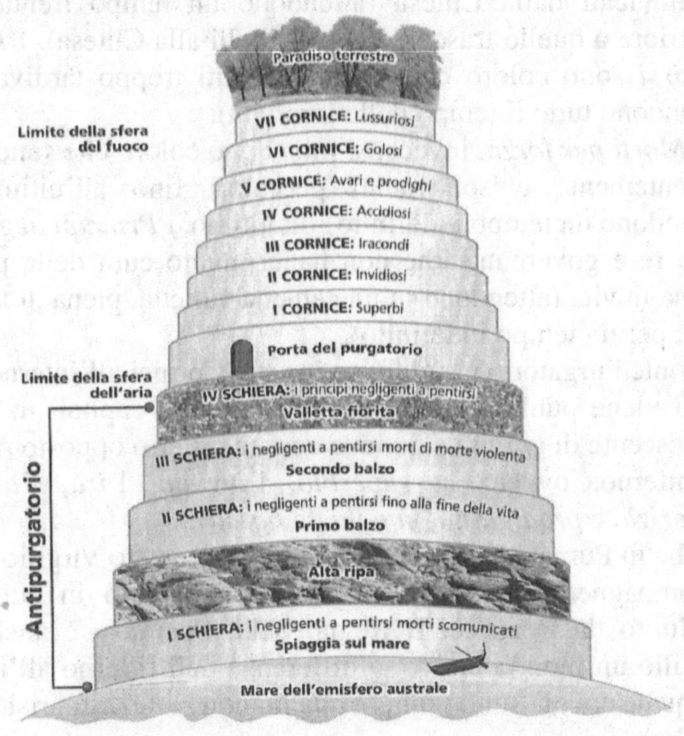

Il Purgatorio
(http://ripassofacile.blogspot.com/2015/11/riassunto-il-purgatorio-di-dante.html)

---

[78] *La Divina Commedia*, https://divinacommedia.weebly.com/introduzione-purgatorio.html, 07/05/2019.

Il secondo Regno è composto da un *Antipurgatorio*, dove si trovano le anime pigre a pentirsi, i morti per forza o principi negligenti che devono attendere un determinato lasso temporale prima di accedere alle Cornici perché contumaci.

I *Contumaci* sono coloro che sono morti dopo essere stati scomunicati dalla Chiesa (attendono un tempo trenta volte superiore a quello trascorso come ribelli alla Chiesa). I *Pigri a pentirsi* sono coloro che si sono pentiti troppo tardivamente (attendono tutto il tempo della loro vita).

Per *Morti per forza*, invece, si intendono coloro che sono morti violentemente e sono stati peccatori fino all'ultima ora (attendono un tempo indefinito). In ultimo, i *Principi negligenti* sono re e governanti che non hanno avuto cura della propria anima in vita (attendono in una amena valletta, piena di fiori ed erba, per un tempo indefinito).

Il monte Purgatorio è suddiviso in sette Cornici all'interno delle quali viene punito ognuno dei sette peccati capitali in ordine decrescente di gravità e dunque con un criterio opposto rispetto all'Inferno, ovvero la *superbia*, l'*invidia*, l'*ira*, l'*accidia*, l'*avarizia* e *prodigalità*, la *gola*, la *lussuria*.

Anche in Purgatorio Dante è seguito dal maestro Virgilio che lo accompagnerà fino al XXX Canto, momento in cui verrà sostituito da Beatrice. Il Regno della Speranza è anche per Virgilio un mondo nuovo, a differenza dell'Inferno all'interno del quale era già stato (egli, in quanto non battezzato, risiede nel Limbo).

Questa Cantica è un percorso di purificazione, egli vi accede dopo essere passato per il regno della disperazione, che era stato un percorso obbligato. La strada, infatti, gli era stata sbarrata da tre belve feroci: non avendo possibilità di prendere altre vie, il Poeta deve andare verso l'Inferno fino a giungere alle pendici del monte Purgatorio.

Il Sommo Poeta è un uomo e come tutti ha pregi, difetti, è preda di tre vizi capitali ed ha smarrito la via: ora si trova in Purgatorio per espiare le sue colpe e poter salire in Paradiso. Non a caso, prima di attraversare la porta del Purgatorio, l'angelo guardiano incide con una spada sulla fronte di Dante sette *P*, che rappresentano i sette peccati capitali da scontare moralmente (ogni lettera verrà cancellata all'uscita da ciascuna Cornice). Dante sa di essere un peccatore che ha bisogno di espiare le sue colpe attraverso la fatica fisica causata dalla ripidità del monte Purgatorio: il suo viaggio deve essere difficoltoso perché solo così sarà pronto alla visione di Dio e cioè dell'*Amor che move 'l sole e l'altre stelle*. Al pari delle anime del Purgatorio costrette a punizioni corporali, Dante prova fatica fisica e sente il peso della salita della montagna.

Le differenze tra i primi due regni sono molte e non solo di tipo fisico, ma anche in ambito lessicale, ad esempio, il registro linguistico nel Purgatorio è sicuramente meno grave rispetto a quello dell'Inferno, con rime meno aspre, meno dure. Anche il clima che si respira nella seconda Cantica è più rilassato, i penitenti sono spesso ben disposti a dialogare con Dante non avendo nulla di cui vergognarsi (a differenza dei dannati dell'Inferno che non volevano essere riconosciuti dal Poeta). Nel secondo regno Dante e Virgilio incontrano angeli, principi, poeti, papi: personaggi nobili, soprattutto d'animo, che nobilitano la Cantica alzando il registro linguistico rispetto a quello dell'inferno dove i dannati, sebbene siano anch'essi papi o governanti, erano il riflesso del loro peccato, brutali anche nel linguaggio.

Il Purgatorio è la Cantica in cui Dante rimane più tempo (circa tre giorni e tre notti su sette complessivi) il che è indicativo dell'importanza che questa ricopre all'interno dell'Opera.

Ho deciso di confrontare con l'Inferno i Canti in cui vengono descritte le pene per i lussuriosi e per gli avari che sono due dei tre vizi capitali di cui soffre Dante. Per quanto riguarda la superbia, l'altro vizio capitale di cui è vittima Dante, questa non trova collocazione nell'Inferno e quindi è impossibile un paragone; pertanto la superbia viene analizzata come capitolo a sé.

Questo è un dato interessante, la superbia (e l'invidia) vengono esplicitate solo in Purgatorio.

Ma come mai questa assenza? Come mai nell'Inferno manca la superbia che è proprio uno dei peccati di Dante? Una spiegazione ce la dà Pier Angelo Perotti:

> Se Dante avesse collocato i superbi in un luogo specifico, dato che la superbia è la causa o la concausa di altri peccati (se non di tutti), questo luogo sarebbe sovraffollato a discapito degli altri cerchi, che sarebbero pressoché deserti. Dunque la superbia e l'invidia – peccati "capitali" secondo la Chiesa – non sono puniti nell'Inferno dantesco, mentre i rei delle stesse colpe ne pagano il fio nel Purgatorio; tuttavia, segnatamente la superbia è riconoscibile come colpa accessoria, spalmata trasversalmente tra vari altri peccati, se non proprio tutti.[79]

Di seguito uno schema sulla collocazione dei vizi capitali nella *Divina Commedia*, utile per avere una visione più chiara del progetto dantesco:

Inferno	*Purgatorio*
II Cerchio - Canto V: Lussuria	I Girone - Canti X-XII: Superbia
III Cerchio - Canto VI: Gola	II Girone - Canti XIII-XIV: Invidia
IV Cerchio - Canto VII: Avarizia (e Prodigalità)	III Girone - Canti XV-XVII: Ira
V Cerchio - Canti VII-VIII: Ira e Accidia	IV Girone - Canti XVII-XIX: Accidia
	V Girone - Canti XIX-XXII: Avarizia (e Prodigalità)
	VI Girone - Canti XXII-XXIV: Gola
	VII Girone - Canti XXV-XXVII: Lussuria

È interessante notare come Dante sia sempre attento ai meccanismi aritmetici, tutto ha un senso, tutto è ben congegnato e nulla è lasciato al caso. Dallo schema sopra riportato è possibile vedere la specularità tra cantiche: i primi vizi

---

[79] P. A. Perotti, *Superbia e invidia nell''Inferno' dantesco*
http://webs.ucm.es/info/italiano/acd/tenzone/t12/Perotti.pdf, 07/05/2019.

dell'Inferno corrispondono agli ultimi del Purgatorio. Tutto ha una simmetria e una perfezione numerale. Inoltre, appare evidente che nel Purgatorio vengono trattati tutti e sette i vizi capitali che, ragionandoci bene, non sono altro che l'esagerazione, la distorsione, lo scorretto utilizzo di alcuni sentimenti che nascono con una connotazione positiva: la superbia è un'esagerata fiducia in sé stessi, l'invidia è provare ammirazione per qualcuno ma con cattiveria, l'ira è eccessiva passione, l'accidia è un ozio duraturo, l'avarizia è un'irragionevole parsimonia, la prodigalità è una generosità stupidamente esagerata, la gola è la distorsione dello stare bene a tavola, la lussuria è la meccanizzazione del sesso. Tutto ciò rappresenta l'alterazione di aspetti belli e positivi che, nel momento in cui vengono trattati senza buon senso, diventano vizi, perdendo così tutta la loro carica di positività.

Vorrei riportare a tal proposito un passo del Vangelo di Giovanni che può chiarire meglio quanto appena affermato. In questa parabola si narra che una donna unse Gesù Cristo con il *Nardo*, unguento profumato e costosissimo. Gli Apostoli si infuriarono con lei per quello spreco di unguento, che invece di usare su Gesù avrebbero potuto vendere utilizzando il ricavato per i poveri, ma Gesù difese la donna dicendo: "I poveri li avete sempre con voi, ma non sempre avete me". Qui sembra concretizzarsi il peccato di prodigalità, con lo sperpero del Nardo per una causa apparentemente superflua. Al di là del significato teologico, Gesù accetta questo generoso regalo prima della sua imminente dipartita. Non c'è sperpero eccessivo e scellerato da parte della donna, è soltanto un gesto di amore verso qualcuno che presto non ci sarà più.

Così come l'ozio se contingentato può essere un momento di riflessione e non certo di accidia, la gola, se contenuta, rappresenta la gioia di nutrirsi, mentre alterarsi, arrabbiarsi talvolta per alcune vicende, non è sempre sinonimo d'ira, ma significa vivere la vita con passione e così via. Il problema sorge solo quando manca l'intelligenza.

Concludo l'introduzione al Purgatorio tornando un attimo sul protagonista. Vorrei far notare una particolarità e cioè che il Poeta dorme durante il viaggio solo nelle tre notti trascorse nel Purgatorio, in virtù della *legge della salita* (spiegata da Sordello nel Canto VII) che non consente ai penitenti, dunque neppure a Dante, di scalare il monte durante il buio. All'opposto, Dante non sente mai bisogno di cibarsi grazie a una volontà superiore che lo spinge a proseguire il suo cammino senza curarsi di quel bisogno primario.

Alla fine del viaggio, nel secondo regno, il fardello del Poeta sarà più leggero ed egli sarà pronto a *salire alle stelle*, fino a giungere alla visione di Dio, mentre a noi sarà ormai chiaro il senso della *Divina Commedia*.

Canto V
L'ombra di Dante e il mito di Platone
Bonconte da Montefeltro, un condottiero nel Regno della Speranza

> Canto V, ove si tratta de la terza qualitade, cioè di coloro che per cagione di vendicarsi d'alcuna ingiuria insino a la morte mettono in non calere di riconoscere sé esser peccatori e sodisfare a Dio; de li quali nomina in persona messer Iacopo da Fano, e Bonconte di Montefeltro.[80]

Il viaggio dei due poeti, Dante e Virgilio, è giunto sino alle pendici del monte Purgatorio. I due viandanti sono arrivati qui dopo essere saliti dall'Inferno e sbarcati sulla spiaggia antistante la montagna. Già nei primi quattro canti, i protagonisti hanno avuto modo di scoprire le molte differenze tra i primi due regni: non più diavoli, buio e disperazione, ma angeli, luce e gioia. Ad esempio, il traghettatore Caronte, che nell'Inferno ha condotto Dante e Virgilio sul fiume Acheronte, qui è "sostituito" da un Angelo nocchiero che li conduce sulla riva del fiume Tevere.

Ora Dante e Virgilio sono giunti al secondo balzo dell'Antipurgatorio. Qui accade qualcosa di inusuale per i penitenti del Purgatorio: si accorgono che Dante proietta la sua ombra poiché vivo.

Può esserci una correlazione con il mito della caverna diffuso da Platone?

> Platone (per bocca di Socrate) immagina gli uomini chiusi in una caverna, gambe e collo incatenati, impossibilitati a volgere lo sguardo indietro, dove arde un fuoco. Tra la luce del fuoco e gli uomini incatenati vi è una strada rialzata e un muricciolo,

---

[80] G. Petrocchi (a cura di), *La Commedia secondo l'antica vulgata*, cit.

sopra la strada alcuni uomini parlano, portano oggetti, si affaccendano nella vita di tutti i giorni. Gli uomini incatenati non possono conoscere la vera esistenza degli uomini sulla strada poiché ne percepiscono solo l'ombra proiettata dal fuoco sulla parete di fronte e l'eco delle voci, che scambiano per la realtà. Se un uomo incatenato potesse finalmente liberarsi dalle catene potrebbe volgere lo sguardo e vedere finalmente il fuoco, venendo così a conoscenza dell'esistenza degli uomini sopra il muricciolo di cui prima intendeva solo le ombre. In un primo momento, l'uomo liberato verrebbe abbagliato dalla luce, la visione delle cose sotto la luce lo spiazzerebbe in forza dell'abitudine alle ombre maturata durante gli anni, ma avrebbe comunque il dovere di mettere al corrente i compagni incatenati. I compagni, in un primo momento, riderebbero di lui, ma l'uomo liberato non può ormai tornare indietro e concepire il mondo come prima, limitandosi alla sola comprensione delle ombre. Nel mito della caverna la luce del fuoco rappresenta la conoscenza, gli uomini sul muricciolo le cose come realmente sono (la verità), mentre la loro ombra rappresenta l'interpretazione sensibile delle cose stesse (l'opinione). Gli uomini incatenati rappresentano la condizione naturale di ogni individuo, condannato a percepire l'ombra sensibile (l'opinione) dei concetti universali (la verità), ma Platone insegna come l'amore per la conoscenza (la filosofia stessa) possa portare l'uomo a liberarsi delle gabbie incerte dell'esperienza comune e raggiungere una comprensione reale e autentica del mondo.[81]

Soffermiamoci sull'uomo che esce dalla caverna. Il suo istinto è quello di liberare gli altri prigionieri per condividere le sue scoperte, ma questo tentativo è inutile, in quanto i prigionieri non vogliono vedere oltre le rassicuranti ombre ed attaccano il portatore della verità.

Dante potrebbe quindi rifarsi a questo mito in cui la *Divina Commedia*, al pari del mito di Platone, si pone l'obiettivo di "svegliare" gli uomini dal torpore al fine di ricordargli di cercare sempre la verità senza accontentarsi della propria rassicurante,

[81] *Platone - Piccolo Dizionario Filosofico*,
https://www.riflessioni.it/dizionario_filosofico/caverna-platone.htm, 08/05/2019.

152

ma talvolta errata, conoscenza del mondo. Non a caso egli ci ricorda che noi esseri umani non siamo fatti *per viver come bruti, ma per seguire virtute e canoscenza.*

Le analogie tra questo passo della *Commedia* ed il mito di Platone potrebbero essere molte: il sole che splende di giorno sul Purgatorio che fa luce come il fuoco nella caverna, il Monte Purgatorio stesso che fa da muro come quello presente nella caverna, l'ombra che proietta Dante al pari delle ombre del mito di Platone, i penitenti che sono ancora "incatenati" ai propri peccati come sono incatenati gli uomini nella caverna; non so se c'è una correlazione reale tra la *Commedia* ed il mito di Platone, ma di certo questa intuizione apre ad una serie di ragionamenti interessanti. Tuttavia, ad oggi, non ho trovato fonti a supporto di questa tesi.

Dante si manifesta in carne e ossa agli occhi degli spiriti: egli è vivo e questo desta stupore nelle anime che il protagonista incontra durante il viaggio, sono sbigottite di vedere un uomo vivo in Purgatorio, ma Dante come reagisce?

> Siamo alle solite: come Dante, stanatosi dall'ombra che orla la roccia, torna a proiettare per terra la propria, i morti si accorgono che è vivo, e allibiscono. Lui allora che fa? Gira la testa, traccheggia s'attarda un po' a guardare quelli che guardano proprio lui, proprio lui guardano, non fanno che guardarlo... incuriosito di sé, della propria ombra, del suo corpo... quasi quasi stupito d'esser vivo...[82]

Dante sembra incredulo di trovarsi lì, vivo tra i morti, con l'Inferno alle spalle e il Paradiso che lo attende, non fa che scambiare continui sguardi coi purganti rallentando il passo. Questa situazione sottolinea tutta la sua condizione di essere umano fatta di ansie, paure, timori; nonostante Virgilio gli abbia già detto che andrà tutto bene, egli, perplesso, si guarda intorno imbarazzato e tentennante.

---

[82] V. Sermonti, *La Commedia di Dante – Purgatorio*, Rizzoli, Milano, 1994, p. 69.

Virgilio s'indigna e redarguisce Dante esortandolo a non perder tempo, dopodiché risponde ad alcuni spiriti incuriositi da questo strano fenomeno confermando che Dante è vivo ed invitandole a riferire il messaggio ai loro compagni in quanto ciò potrà essergli utile. Le anime corrono su per il balzo rapidissime, come stelle cadenti nel cielo notturno o lampi al calar del sole, quindi insieme agli altri penitenti raggiungono velocemente i due poeti. Dante parla con queste anime tenendo a mente il monito di Virgilio che si era raccomandato di essere breve: gli spiriti devono seguire un percorso di purificazione e, per quanto bene esse stiano nell'Antipurgatorio dove non subiscono pene fisiche, non possono perdere tempo perché devono giungere il più rapidamente in Paradiso che è il luogo che gli spetta. Dante e Virgilio sono circondati da molte anime che, incuriosite, lo bloccano rallentandogli il passo. Ma come mai questi penitenti vogliono a tutti i costi parlare con Dante? Perché vogliono che il Poeta una volta tornato sulla terra dica ai loro parenti che essi si trovano in Purgatorio, cosicché da ricevere le preghiere che riducono la pena. Il discorso vale soprattutto per queste anime che sono morte violentemente e avendo peccato fino all'ultima ora potevano essere credute dai loro cari all'Inferno. Ecco dunque spiegata la frase di Virgilio di qualche terzina prima:

> *E 'l mio maestro: "Voi potete andarne*
> *e ritrarre a color che vi mandaro*
> *che 'l corpo di costui è vera carne.*
>
> *Se per veder la sua ombra restaro,*
> *com'io avviso, assai è lor risposto:*
> *fàccianli onore, ed essere può lor caro".*[83]
> (Dante, *Purgatorio*, vv. 1-36)

---

[83] «E il mio maestro: "Voi potete tornare indietro e riferire a quelli che vi hanno mandati qui che il corpo di costui è in carne e ossa. Se essi, come penso, si sono fermati per aver visto la sua ombra, vi ho detto abbastanza: lo accolgano cortesemente e ciò potrà tornare loro utile"».

"Ciò potrà tornare loro utile": Virgilio sa che le anime hanno bisogno di preghiere e fa spargere la voce che Dante sia vivo così da poter riportare ai parenti dei vari penitenti che dialogano con lui la propria situazione. Ecco spiegata la necessità che sentono le anime di parlare con Dante.

Tra tutti i penitenti che parlano con il protagonista del viaggio, Bonconte da Montefeltro è quello che attira maggiormente l'attenzione occupando più spazio all'interno del Canto. Ai più perspicaci sarà saltato all'occhio che il suo non è un cognome nuovo. In effetti Dante aveva già incontrato suo padre all'Inferno, tale Guido, nel Girone dei consiglieri fraudolenti.

Bonconte, invece, è collocato in Purgatorio, tra i morti per forza, che ricordo essere coloro i quali sono morti violentemente e, avendo peccato sino all'ultima ora, devono attendere nel secondo balzo dell'Antipurgatorio un tempo imprecisato prima di accedere alle Cornici.

Anche Bonconte ha una storia incredibile, diversa da quella di suo padre ma che comunque merita la nostra attenzione. Bonconte, come suo padre Guido, era un condottiero che incontrò Dante durante lo scontro di Campaldino tra aretini e fiorentini (strano ma vero: come già ribadito nelle precedenti pagine, Dante non lo si deve immaginare come un uomo dedito solo allo studio, egli aveva combattuto, conduceva una vita passionale, per dirlo alla toscana gli "garbavano" parecchio i piaceri della vita, tra cui le donne). Bonconte ebbe la peggio e perì sul campo di battaglia, ma il suo corpo non fu mai ritrovato. Interessante notare la particolare presentazione che l'anima fa di sé stessa:

> *Io fui di Montefeltro, io son Bonconte;*
> *Giovanna o altri non ha di me cura;*
> *per ch'io vo tra costor con bassa fronte".*
> (Dante, *Purgatorio*, vv. 88-90)

> "Io fui di Montefeltro, io son Bonconte" [come nota Maria
> Teresa Balbiano d'Aramengo] Bonconte da Montefeltro
> presenta al passato il nome che indica la sua signoria, mentre
> al presente si qualifica con il suo semplice nome. L'anima che
> varca la soglia dell'aldilà lascia infatti ogni grandezza eterna,
> non portando con sé altro che la propria personalità e il proprio
> bagaglio di bene e male.[84]

Bonconte quindi si presenta a Dante lamentando che la vedova
Giovanna e gli altri suoi parenti non si curano di pregare per lui,
cosa che gli provoca vergogna. I parenti infatti lo credevano
all'Inferno in quanto in vita non fu uno stinco di santo, mentre
lui si trova in Purgatorio perché in punto di morte si pentì
sinceramente della sua vita peccaminosa. Ora la storia che ci sta
per raccontare Dante ha dell'incredibile, è talmente assurda da
sembrare reale, al pari di un libro horror-fantasy in cui i
personaggi hanno delle vicissitudini talmente strane e surreali
da sembrare vere. È come quando alla fine di un film esoterico
denso di colpi di scena siamo ancora presi dalla tensione
emotiva ed usciamo dal cinema spaventati e perplessi: "Non ci
credo che esistano i fantasmi, però che paura quel film,
sembrava davvero reale!". Del resto a volte la realtà supera la
fantasia, basta accendere il telegiornale per rendercene conto, e
noi dobbiamo credere a tutto quello che Dante ci dice.
Il Poeta chiede a Bonconte quale circostanza fece sì che il suo
corpo non fosse ritrovato dopo la sua morte: il penitente
risponde che ai piedi del Casentino scorre un fiume di nome
Archiano, che nasce in Appennino e sfocia in Arno. Bonconte
arrivò sull'argine del fiume con una grave ferita alla gola che gli
era stata inflitta durante il combattimento. In punto di morte si
pentì dei suoi peccati, si fece il segno della Croce e affidò la sua
anima alla Vergine Maria. A questo punto un angelo prese con
sé la sua anima mentre un demonio, stizzito dal pentimento

---

[84] M. T. Balbiano d'Aramengo, *Il Purgatorio di Dante - Nuovi appunti per la lettura*, Riccadonna Editori, Torino, 2017, p. 142.

tardivo e inaspettato, si arrabbiò furiosamente in quanto non poteva portarlo con sé all'Inferno. Il diavolo fece scempio del suo corpo utilizzando i suoi poteri per scatenare una tremenda tempesta che sciolse il segno della Croce per far poi scivolare le spoglie mortali di Bonconte nel fiume, inghiottendolo.

Con questa invenzione fiabesca, Dante appaga la curiosità dei contemporanei che sicuramente si saranno domandati come sia morto il condottiero.

Qui si conclude la storia di Bonconte che ai lettori dell'epoca avrà suscitato scalpore: Bonconte, noto peccatore, in Purgatorio. Dante vuole stupire e disattendere le aspettative. La trama è imbastita così bene che tutto sembra possibile, la storia è servita con dovizia di particolari, alla fine del racconto viene da pensare che forse Dante ne abbia saputo veramente qualcosa sulle vicende ultraterrene delle anime.

Inevitabile è il paragone con la storia di suo padre che è stato condottiero, poi frate e, in ultimo, un dannato. Il figlio peccatore, destinato al Paradiso, il padre, frate, all'Inferno. Appare chiaro che per la giustizia divina è maggiormente meritevole di salvezza il pentimento di Bonconte, anche se tardivo, rispetto al padre che si era fatto frate molto prima di morire, ma che non gli è valsa la redenzione. Tale è il messaggio che Dante vuole che il lettore riceva: il Paradiso spetta a chi si pente sinceramente, è inutile pregare se poi si continua a peccare, non serve a niente. Non è un caso che Dante abbia inserito le storie dei "da Montefeltro" che sono simili in quanto entrambi nascono condottieri, ma differenti nell'epilogo.

Canti X, XI, XII
La superbia: il più terribile vizio di Dante

Tema trasversale di questi canti è la superbia, il primo vizio punito nel Purgatorio e quindi il più importante (ricordo che nel Purgatorio i vizi più gravi si trovano nei primi Canti, mentre i meno gravi sono descritti negli ultimi, con criterio opposto all'Inferno). Come detto nell'introduzione alla Cantica, la superbia non viene menzionata nell'Inferno probabilmente perché sentimento comune agli altri vizi e quindi senza un girone a sé. Nel Purgatorio, invece, viene dato molto spazio alla superbia in quanto è considerato il peccato più grave, tanto che Dante avverte il lettore che ciò che dirà non deve distoglierlo dai buoni propositi, dal momento che la pena è assai dura ma, nel peggiore dei casi, non può protrarsi oltre il Giorno del Giudizio. Già da questa affermazione traiamo un'interessante informazione: anche dai vizi capitali, che per la Chiesa Cattolica rappresentano i peccati più gravi, si può guarire; il Poeta ci dice che per quanto dura sia tutti i penitenti andranno in Paradiso.

Dante parla a noi, ma è come se lo dicesse a sé stesso, ricordo che la superbia è uno dei vizi che gli impedisce di trovare la diritta via. Nell'Inferno questo peccato viene personificato dall'allegoria di un leone: *Questi parea che contra me venisse con la test'alta e con rabbiosa fame, sì che parea che l'aere ne tremesse* "Questi (il leone) sembrava venire contro di me, con la testa alta e con fame rabbiosa, al punto che persino l'aria sembrava tremare". Una descrizione raccapricciante che rende l'idea di quanto Dante sappia essere la superbia un male terribile paragonandola ad un leone con fame rabbiosa che sembra far tremare l'aria.

Ma come si definisce esattamente la superbia? L'enciclopedia Treccani dà questa definizione:

> Esagerata stima di sé e dei propri meriti (reali o presunti), che si manifesta esteriormente con un atteggiamento altezzoso e sprezzante e con un ostentato senso di superiorità nei confronti degli altri: tratta tutti con s.; guardare, rispondere con s.; peccare di s.; essere gonfio di s.; montare (o salire) in s.; mettere su s.; gonfiarsi di s.; ha troppa s. addosso!; sia detto senza s., espressione con la quale si minimizza anticipatamente l'enunciazione di un proprio merito; la s. è figlia dell'ignoranza (prov.); la s. andò a cavallo e tornò a piedi (prov.), per raccomandare umiltà e modestia, o per prendere in giro persona superba o orgogliosa che sia stata umiliata. Nella teologia cattolica, uno dei sette peccati capitali (peccato di s.), consistente in una considerazione talmente alta di sé stessi da giungere al punto di stimarsi come principio e fine del proprio essere, disconoscendo così la propria natura di creatura di Dio e offendendo quindi il Creatore; in senso meno tecnico, il peccato di chi presume troppo nel potere della sapienza e della ragione umana (la scienza, la filosofia, ecc.), implicitamente limitando il valore e la necessità della sapienza divina (la rivelazione, la teologia).[85]

Perché Dante è superbo? Perché egli sa di essere un Poeta bravo ed è cosciente del fatto che questa sua presunzione lo porterà a dover espiare le proprie colpe per poter procedere il suo viaggio. Dante e Virgilio hanno finalmente varcato l'ingresso del monte Purgatorio. Un angelo ha inciso sette *P* (che rappresentano i vizi da espiare) sulla fronte di Dante con la punta della spada, raccomandandogli di lavare queste piaghe una volta avuto accesso alle Cornici. I due viandanti fanno il loro ingresso nella Prima Cornice, ma è solo alla fine de Canto X che incontrano i superbi. Al pari di un bravo regista che crea suspense, Dante prepara il terreno per l'ingresso dei primi penitenti del monte Purgatorio. L'attenzione e la curiosità del lettore è alta: che pene

---

[85] *Superbia - Treccani.it*, www.treccani.it/vocabolario/superbia/, 15/05/2019.

soffriranno le anime? Ci saranno dei carcerieri a guardia come nell'Inferno? Con chi parlerà Dante? Sicuramente un contemporaneo di Dante, dopo aver letto l'Inferno, sarà stato molto curioso di scoprire chi è presente in Purgatorio.

Ecco che si avvicinano i superbi, a passi lenti, glielo sussurra Virgilio, e Dante, incuriosito, si volta a guardare, chiede poi spiegazioni a Virgilio, perché le figure che vede non gli sembrano anime umane, così non sa che pensare. Il maestro spiega che la loro pena li obbliga a camminare curvi al suolo e lui stesso è stato incerto al primo sguardo. È invitato comunque a guardar meglio e osservare le anime che procedono sotto il peso di enormi massi. Il contrappasso è chiaro: come nella vita i superbi si sono sentiti altezzosi, migliori degli altri, ora sono costretti a tenere il capo chino, a guardare a terra. Dante qualche terzina più in basso descrive meglio ciò che vede:

> Le anime dei superbi sono simili a quelle sculture che talvolta, nell'architettura romanica, sostengono con le spalle un soffitto a guisa di mensola, e piegano le ginocchia così da far nascere affanno a chi le osserva. I superbi hanno lo stesso aspetto, essendo piegati sotto il peso del macigno che li fa curvare in maggiore o minor misura, e quello che sembra più paziente pare dire: "Non ne posso più".[86]

Sembra di vederli: piegati in due, con sopra dei pesanti macigni, stremati dallo sforzo e sul punto di cedere. L'immagine è estremamente limpida: coloro che si sono sopravvalutati ora sono schiacciati a tal punto da non poter vedere neppure Dante che passa accanto a loro. Essi cantano il *Padre Nostro*: la più nobile preghiera della liturgia cristiana viene associata a coloro che, tra le anime purganti, hanno compiuto il peccato maggiore. Dante sottolinea la gravità del peccato di superbia scagliando una violenta invettiva contro i cristiani superbi e facendo molti

---

[86] *La Divina Commedia*, https://divinacommedia.weebly.com/purgatorio-canto-x.html, 15/05/2019.

nomi di peccatori e penitenti. Il Poeta incontra diverse anime purganti, ma emblematico è il discorso di Oderisi da Gubbio, inserito nel Canto XI, famoso miniatore contemporaneo di Dante. Oderisi critica la gloria effimera degli uomini portando ad esempio Guido Guinizelli che è stato superato nella poesia stilnovistica da Guido Cavalcanti. Oderisi conclude il suo discorso dicendo che forse è già nato chi sarà più bravo di entrambi i poeti:

> *Così ha tolto l'uno a l'altro Guido*
> *la gloria de la lingua; e forse è nato*
> *chi l'uno e l'altro caccerà del nido.*
> (Dante, *Purgatorio*, vv. 97-99)

È evidente il riferimento che Dante autore fa di sé stesso per bocca di Oderisi. Questo sembra un paradosso: criticare la superbia, ma credersi migliore di altri. In realtà alcuni studiosi hanno dato una lettura diversa, ovvero Dante avrebbe inteso che arriverà qualcuno più bravo di lui nello Stilnovo. Questa ipotesi, però, sembra stridere con quanto dichiara Dante nel Canto XIII del Purgatorio dove l'autore scrive:

> *Troppa è più la paura ond'è sospesa*
> *l'anima mia del tormento di sotto,*
> *che già lo 'ncarco di là giù mi pesa".*[87]
> (Dante, *Purgatorio*, vv. 136-138)

Dante ammette di avere paura della pena dei superbi sentendo già il peso del macigno sulle spalle. È evidente che sa di essere superbo, ce lo aveva già detto con l'incontro con il leone e ce lo dice in modo inequivocabile nel Purgatorio, ecco perché ha paura di quella pena, perché sa che lo attende.

---

[87] "La mia anima ha molta più paura del tormento della Cornice sottostante, tanto che il carico del macigno di laggiù già pesa sulle mie spalle".

Per il superbo, psicologicamente parlando, gli altri o l'Altro, sono delle cose che servono per dimostrare a sé stesso che egli "è più in alto" o semplicemente che "egli vale". Sempre. Tuttavia il danno più profondo della superbia avviene a livello spirituale. Infatti, la dimensione psicologica fornisce una parziale risposta su questa cancrena che coinvolge i livelli più profondi del cuore dell'uomo, della sua personalità, della sua libertà e delle sue scelte. La natura competitiva della superbia ne fa un vizio che non si placa mai e che impedisce radicalmente di conoscere Dio.[88]

Appare ormai chiaro il motivo per cui la superbia è il peccato capitale più tremendo, poiché radice di ogni altro peccato e perché, quando portato ai suoi massimi estremi, porta il soggetto a ritenersi addirittura eguale o superiore a Dio. Ecco perché Dante se ne deve liberare al più presto, sa che quel vizio, più degli altri, lo allontana dal Cielo. Inoltre, è consapevole del fatto che la pena dei superbi sarà la sua prova più difficile, ma una volta scontata la propria condanna, potrà proseguire più agilmente il viaggio verso il Paradiso.

Nel Canto XIII, che conclude il discorso relativo alla superbia, il Poeta cita molti esempi di superbia punita: Lucifero, i giganti Briareo e Nembrod, Apollo, Pallade, Marte, ecc.; molti personaggi sono tratti dalla mitologia greca, ma è Lucifero ad essere considerato l'emblema dei superbi, l'angelo che si credette migliore di Dio e che si ribellò per finire nel punto più basso degli Inferi. Lucifero, infatti, risiede nel punto più distante da Dio nel girone dei traditori dei benefattori. Non essendoci un girone per i superbi, sconta la sua pena per aver tradito la fiducia di Dio: questo implica un sentimento di superbia in quanto chi tradisce si crede più furbo, si crede più scaltro, migliore della vittima e così commette peccato. Come evidenziato da Pier Angelo Perotti:

---

[88] *Il Cattolico - Il grande peccato: la superbia*,
www.ilcattolico.it/catechesi/sclerocardia/il-grande-peccato.html, 16/05/2016.

> Il peccato di cui si macchiò Lucifero, e poi Adamo ed Eva, è proprio la superbia, che provocò la ribellione dell'uno e la disobbedienza degli altri; e la sua gravità è tale che questo peccato "originale", di cui si macchiarono i nostri progenitori, deve essere espiato dall'intera umanità, e fu necessario il sacrificio di Dio stesso – nella persona di Cristo – per la redenzione di essa. [...] Insomma, insegna Dante, la superbia ti illude, perché è effimera. Ti lascia godere un istante, ma a ben vedere ti abbandona presto e rende la delusione ancora più grande.[89]

Si chiude qui l'ampia parentesi dedicata al peccato di superbia. Tra le tante figure retoriche che si incontrano leggendo la *Divina Commedia*, nel Canto XI ce ne è una, una metafora per l'esattezza, che merita di essere evidenziata per la sua bellezza ed immediatezza: *La vostra nominanza è color d'erba*, "La vostra fama ha il colore dell'erba", da verde quando la pianta è viva, passa al giallo quando questa appassisce; così sono la fama e la gloria, tanto effimere quanto brevi. Con una manciata di parole, Dante spiega un concetto che in prosa occuperebbe molte pagine.

---

[89] P. A. Perrotti, *Superbia e invidia nell' 'Inferno' dantesco*, www.slideshare.net/ritafaggiani/4-perotti-superbia-e-invidia-in-dante, 18/05/2019

Canto XIX
Avarizia e prodigalità, la pena più amara del purgatorio

Canto XIX, ove tratta de la essenza del quinto girone e qui si purga la colpa de l'avarizia; dove nomina papa Adriano nato di Genova de' conti da Lavagna.[90]

I due protagonisti si trovano ora nella V Cornice del monte Purgatorio e stanno per incontrare le anime tacciate di avarizia, pena di cui soffre anche Dante stesso.

Il Poeta e la sua guida Virgilio hanno attraversato buona parte del monte Purgatorio e incontrato i penitenti di quattro dei sette vizi capitali: superbi, invidiosi, irosi e accidiosi. In questo canto Dante conosce gli avari e i prodighi, accumunati dalla stessa terribile pena anzi, per dirla come la identifica Dante, la più amara del Purgatorio. A differenza del Canto sui superbi in cui questi si manifestano tardivamente, qui Dante vede immediatamente le anime purganti, subito dopo essere entrato nella Cornice. I penitenti sono stesi con la faccia a terra, intenti a piangere, con piedi e mani legati fin tanto che piacerà a Dio. Una pena severa, ma che segue il contrappasso: così come in vita gli avari e prodighi hanno tenuto gli occhi sulle cose terrene, così in Purgatorio sono stesi a terra fino a quando non sarà espiata la loro colpa.

Tra i vari penitenti che Dante incontra nella V Cornice, la sua attenzione è attirata da papa Adriano V. Egli si presenta dichiarando che fu papa per poco più di un mese, in cui tuttavia sperimentò quanto sia gravoso ricoprire quell'alta carica. Ottobono Fieschi, papa Adriano V, si convertì tardivamente, ma non appena divenne papa capì i suoi errori passati e si avvide

---

[90] G. Petrocchi (a cura di), *La Commedia secondo l'antica vulgata*, cit.

che i beni terreni non danno la felicità, dal momento che non poteva aspirare a una più alta dignità. Fino a quel momento era stato ambizioso e avaro e ora, in Purgatorio, sconta la pena per i suoi peccati.

Data la condizione che affligge le anime e che le vede stese al suolo, Dante fa per inginocchiarsi per parlare con Ottobono quando il penitente gli chiede il motivo per il quale egli si sia inginocchiato. Non era mai successo che Dante si fosse inginocchiato davanti a un'anima di uno dei due regni ultraterreni.

> Dante risponde di averlo fatto in segno di rispetto per la sua dignità di pontefice, ma il penitente lo esorta ad alzarsi in piedi, poiché lui e Dante sono egualmente soggetti alla stessa autorità di Dio. Nell'Oltremondo si è tutti uguali e le dignità terrene non contano più, quindi Adriano invita Dante ad allontanarsi, poiché il protrarsi del colloquio gli impedisce di espiare la colpa in modo conveniente. Aggiunge di avere una nipote di nome Alagia, piena di virtù a patto che la sua famiglia non la corrompa, che è la sola che possa pregare per lui sulla Terra.[91]

Per correttezza va detto che probabilmente Dante si confuse con papa Adriano IV, ma questo poco cambia il senso del canto. Quello che salta all'occhio è un ulteriore papa presente nella *Divina Commedia* che sembra essere speculare a papa Niccolò III, presentato nel Canto dei simoniaci. Ciò che è all'opposto è il trattamento riservato ai due pontefici: il linguaggio usato per Niccolò III è sarcastico e a tratti comico, per Adriano invece Dante si inginocchia e lo introduce ai lettori utilizzando la lingua latina che innalza il registro del Canto.

Altra differenza evidente si ha con il tipo di pena prevista per i dannati avari e prodighi dell'Inferno che si rispecchia anche nelle rime utilizzate dal Poeta: più dure nell'Inferno, "morbide" nel Purgatorio.

---

[91] *La Divina Commedia*, https://divinacommedia.weebly.com/purgatorio-canto-xix.html, 20/05/2019.

Ecco come sono descritti avari e prodighi nell'Inferno:

> *Così scendemmo ne la quarta lacca*
> *pigliando più de la dolente ripa*
> *che 'l mal de l'universo tutto insacca.*
>
> *Ahi giustizia di Dio! tante chi stipa*
> *nove travaglie e pene quant'io viddi?*
> *e perché nostra colpa sì ne scipa?*
>
> *Come fa l'onda là sovra Cariddi,*
> *che si frange con quella in cui s'intoppa,*
> *così convien che qui la gente riddi.*
>
> *Qui vid'i' gente più ch'altrove troppa,*
> *e d'una parte e d'altra, con grand'urli,*
> *voltando pesi per forza di poppa.*
>
> *Percoteansi 'ncontro; e poscia pur lì*
> *si rivolgea ciascun, voltando a retro,*
> *gridando: "Perché tieni?" e "Perché burli?".*[92]
> (Dante, *Purgatorio*, vv. 16-30)

Le due schiere di dannati sono destinate ad urlarsi contro le stesse due frasi per l'eternità all'interno di una macabra giostra: "Perché tieni stretto il masso?" urla il prodigo all'avaro, "Perché lo butti via, lo fai rotolare?" urla l'avaro al prodigo. Una pena

---

[92] «Allora scendemmo nel IV Cerchio, procedendo più in basso in quella dolorosa voragine che contiene tutto il male del mondo. Ahimè, giustizia divina, chi mai ammassa tante pene e tormenti quanti ne vidi io in quel luogo? E perché la nostra colpa ci strazia in tal modo? Come fa l'onda presso Cariddi, quando si infrange con quella che proviene da Scilla, così quei dannati devono danzare la ridda. Qui vidi più dannati che in qualunque altro luogo d'Inferno, che da una parte e da quella opposta facevano rotolare massi con la forza del petto, urlando. Andavano a cozzare gli uni contro gli altri, quindi ciascuna schiera si voltava indietro e gridavano reciprocamente: "Perché tieni stretto il masso?" e "Perché lo fai rotolare?"».

particolare ma che ha in sé la logica del contrappasso: così come in vita gli avari hanno tenuto ai beni terreni, qui trattengono i massi, mentre per i prodighi vale il ragionamento opposto. Quel che è certo è che qui, nell'Inferno, Dante vuole condannare soprattutto l'avarizia e, attraverso di essa, rivolgere un'aspra critica alla corruzione ecclesiastica. Non per niente il Poeta colloca qui moltissimi avari chierici. È Virgilio poi che spiega che tra loro ci sono papi e cardinali, dichiarando esplicitamente che la corruzione è largamente diffusa nelle alte gerarchie della Chiesa dato l'elevato numero di dannati stipati dalla giustizia di Dio in questo Cerchio.

Di seguito le terzine per gli avari e per i prodighi purganti:

> *Com'io nel quinto giro fui dischiuso,*
> *vidi gente per esso che piangea,*
> *giacendo a terra tutta volta in giuso.*

> *'Adhaesit pavimento anima mea'*
> *sentia dir lor con sì alti sospiri,*
> *che la parola a pena s'intendea.*
> (Dante, *Purgatorio*, vv. 70-75)

> [...]

> *E ancora: "La mia conversione, omè!, fu tarda;*
> *ma, come fatto fui roman pastore,*
> *così scopersi la vita bugiarda.*

> *Vidi che lì non s'acquetava il core,*
> *né più salir potiesi in quella vita;*
> *per che di questa in me s'accese amore.*

> *Fino a quel punto misera e partita*
> *da Dio anima fui, del tutto avara;*
> *or, come vedi, qui ne son punita.*

Quel ch'avarizia fa, qui si dichiara
in purgazion de l'anime converse;
e nulla pena il monte ha più amara.

Sì come l'occhio nostro non s'aderse
in alto, fisso a le cose terrene,
così giustizia qui a terra il merse.

Come avarizia spense a ciascun bene
lo nostro amore, onde operar perdési,
così giustizia qui stretti ne tene,

ne' piedi e ne le man legati e presi;
e quanto fia piacer del giusto Sire,
tanto staremo immobili e distesi".[93]
(Dante, *Purgatorio*, vv. 106-126)

Come detto precedentemente, i penitenti piangono, sono sdraiati a terra con mani e piedi legati fin quando lo vorrà Dio.
In prima battuta è possibile notare che le rime e lo stile sono differenti rispetto all'inferno. P*astore*, *core*, *vita*, *amore*, *bene*: parole che esprimono un significato positivo e che si differenziano dai termini cupi utilizzati nell'Inferno. Inoltre,

---

[93] «Non appena mi trovai nella V Cornice, vidi anime che piangevano e che giacevano tutte col viso rivolto a terra. Sentivo che dicevano "La mia anima si è attaccata al suolo", con sospiri così profondi che le loro parole si capivano a malapena. La mia conversione, ahimè!, fu tardiva; ma non appena divenni pontefice, scoprii quanto bugiarda era la mia vita. Capii che in quella carica il mio cuore non trovava appagamento e non potevo aspirare a una dignità più alta; allora mi volsi con amore alla vita eterna. Fino a quel momento ero stata un'anima misera e del tutto separata da Dio, piena di avarizia; ora, come vedi, qui ne sconto la giusta pena. Qui la punizione inflitta alle anime convertite dichiara gli effetti dell'avarizia; e il monte non ha alcuna pena più amara di questa. Come il nostro sguardo non si levò in alto, restando fisso ai beni terreni, così la giustizia divina qui lo ha rivolto a terra. E come l'avarizia spense il nostro amore verso ogni bene spirituale, così che perdemmo la possibilità di ben operare, così la giustizia ci tiene stretti qui, legati nelle mani e nei piedi; e staremo qui immobili e stesi a terra tanto quanto piacerà al giusto Signore».

come già detto all'inizio del capitolo, l'utilizzo della lingua latina pone una netta linea di demarcazione tra lo stile utilizzato nelle due cantiche.

Protagonista del Canto dedicato agli avari e prodighi purganti è papa Adriano V che fu pontefice per pochi giorni nei quali si rese conto dell'enorme responsabilità che il pontificato comporta. La sua figura è speculare a quella di papa Niccolò III, il protagonista del Canto XIX dell'Inferno dedicato ai simoniaci e condannato a causa della sua corruzione nell'esercitare la propria carica.

> Il fatto che qui si tratta degli avari impone il confronto con il VII dell'Inferno. Ma per il modo con cui il concetto di avarizia è qui ripreso da Dante; per il fatto che a parlare sia un papa; per il ripetersi di certe situazioni (quel papa steso bocconi, con le mani e i piedi legati, e Dante in piedi che lo ascolta) con le correzioni imposte dall'atmosfera di umiltà e di riconciliazione ch'è propria di questa seconda cantica; e insomma per i motivi polemici che in esso si dibattono, il canto ci riporta piuttosto – secondo quel parallelismo numerico che sussiste tra le tre cantiche – alla bolgia dei simoniaci nel XIX dell'Inferno. Il peccato di simonia è infatti, secondo San Bonaventura, la peggiore forma di avarizia.[94]

Ricapitolando, le differenze e le analogie del Canto XIX del Purgatorio con il Regno delle Tenebre sono da cercare nei Canti VII e XIX dell'Inferno.

Comparando il XIX del Purgatorio con il VII dell'Inferno, che tratta il medesimo peccato di avarizia e prodigalità, troviamo le seguenti differenze: a cambiare è sicuramente lo stile, più rozzo nell'Inferno, più ricercato nel Purgatorio;

> Niccolò usa un linguaggio comico e pieno di amaro sarcasmo, mentre il discorso di Adriano è retoricamente elevato, a iniziare dalla perifrasi latina con cui si presenta in qualità di

---

[94] G. Paparelli, *Lectura Dantis Scaligera, Purgatorio*, Le Monnier, Firenze, 1967, p. 702.

170

successor Petri, passando poi all'elegante descrizione geografica dei luoghi natali, arrivando infine alla presentazione della propria conversione una volta arrivato alla massima carica ecclesiastica.[95]

Inoltre, le anime scontano pene diverse: devono rotolare massi all'Inferno, rimanere sdraiati a terra, legati, in Purgatorio.

È necessario poi confrontare il XIX del Purgatorio con il suo corrispettivo dell'Inferno, nel quale viene approfondito il peccato di simonia: è interessante contrapporre il canto degli avari purganti con quello dei simoniaci dell'Inferno dato che proprio in questo girone è presente un altro papa, Niccolò III, che si presta a un paragone con papa Adriano V. Sebbene i due pontefici scontino per peccati differenti (Niccolò è simoniaco all'Inferno, Adriano è avaro in purgatorio), vedremo perché è necessario un confronto.

Quel che salta agli occhi è la disparità di trattamento che Dante riserva ai suoi interlocutori, strafottente nell'Inferno, riverente in Purgatorio:

> Diverso e opposto anche l'atteggiamento di Dante, che contro Niccolò aveva rivolto un'aspra invettiva, mentre qui si inginocchia in segno di rispetto per la dignità pontificale del penitente, che si affretta a farlo rialzare: nella dimensione ultraterrena si è tutti uguali, le dignità terrene non contano più nulla e tutto ciò che interessa al peccatore è espiare prima possibile la sua colpa, per cui Dante è invitato ad allontanarsi per non rallentare la sua purificazione.[96]

Questi pontefici hanno alle spalle storie dissimili e hanno interpretato il proprio ruolo in modo sicuramente molto diverso, ma il reale punto in comune, oltre ad aver condiviso entrambi il seggio di Pietro, è il loro attaccamento al denaro e al potere.

---

[95] *La Divina Commedia*, https://divinacommedia.weebly.com/purgatorio-canto-xix.html, 27/05/2019.

[96] *La Divina Commedia*, https://divinacommedia.weebly.com/purgatorio-canto-xix.html, 29/05/2019.

Niccolò ha soddisfatto la sua sete di potere fino alla fine dei suoi giorni, mentre Adriano si è redento dal peccato di avarizia prima di morire, ragion per cui l'Alighieri lo colloca in Purgatorio e gli riserva un trattamento di tutto rispetto. In realtà, dell'avidità di Adriano V non c'è traccia evidente, a differenza del suo collega infernale, Niccolò III, al quale si annoverano a tal proposito numerosi testi. Come già detto in precedenza, probabilmente Dante ha confuso papa Adriano V con papa Adriano IV sul quale invece si hanno documenti che attestano la sua avarizia, l'esercizio a volte *ad personam* della sua autorità ed il suo attaccamento al denaro.

Al netto di tutto ciò, con la scelta di porre in questi specifici canti proprio due papi – uno avaro, l'altro simoniaco – è evidente la volontà dell'autore di condannare duramente l'avarizia e la discutibile gestione del dominio pontificio che nella fattispecie di Niccolò è sfociato in simonia.

È un effetto valanga in cui il soggetto simoniaco si sente sempre più superbo e superiore alle leggi e alle persone, entrando in un vortice che lo allontana sempre più dalla propria missione pastorale, cadendo vittima del proprio ego, della propria conseguente ed inevitabile avarizia e della sempre più crescente brama di potere.

Torna qui prepotente il peccato di superbia che è benzina sul fuoco per chi già pecca di avarizia: se sei superbo e svolgi un ruolo di comando, gestisci persone e cose ed inevitabilmente accumuli beni materiali diventando sempre più avaro e, se papa, simoniaco. Non a caso, come scritto qualche riga fa, il peccato di simonia è considerato la peggiore forma di avarizia. E non è un caso che Dante abbia trattato nel XIX dell'Inferno la simonia e nel XIX del Purgatorio l'avarizia. Avarizia, simonia, superbia: sono tutte legate a un'ambizione abnorme che schiaccia le persone a focalizzarsi sui beni terreni allontanandole da Dio.

Anche la pittura si è interessata alla rappresentazione delle pene degli avari e dei prodighi.

G. Doré, *Avari e Prodighi, Inferno*, in *La Divina Commedia di Dante Alighieri. Ediz. Illustrata.*

G. Doré, *Avari e Prodighi, Purgatorio*, in *La Divina Commedia di Dante Alighieri. Ediz. Illustrata.*

Osservando le tele di Gustave Doré notiamo delle analogie: colori cupi, figure sgraziate e ansiogene. Non sembrano esserci differenze evidenti tra il disegno relativo al Purgatorio e quello relativo all'Inferno. In effetti sia leggendo le descrizioni delle pene nella *Divina Commedia*, sia guardando i quadri, non è chiara quale punizione sia meno dolorosa, se quella inflitta ai dannati o quella prevista per i purganti. Allora cosa cambia? A cambiare non è l'asprezza della pena, ma il fine ultimo. Le anime purganti sanno che andranno in Paradiso, i dannati sono consapevoli che non saranno mai redenti e questo li brutalizza ancora di più. È come se i dannati fossero ergastolani, rinchiusi in galera a vita, mentre i purganti fossero detenuti ma con la certezza di tornare in libertà una volta scontata la pena. Entrambi patiscono in prigione ma la consapevolezza della libertà futura fa la differenza. Stesso discorso vale per i dannati e per i penitenti: gli uni soffrono per l'eternità, incattiviti dalla loro condizione senza via di salvezza, gli altri patiscono con gioia e senza sperare in interruzioni di pena perché sanno che prima si purificano e prima vedranno Dio, fonte di ogni bene.

Canto XXVI
La lussuria: nessuna differenza di punizione tra omosessuali ed eterosessuali

> Canto XXVI, dove tratta di quello medesimo girone e del purgamento de' predetti peccati e vizi lussuriosi; dove nomina messer Guido Guinizzelli da Bologna e molti altri.[97]

Questo capitolo è incentrato sul peccato di lussuria, ultimo vizio capitale del Purgatorio, nonché vizio di Dante.

La lussuria si trova agli antipodi: è il primo vizio dell'Inferno e l'ultimo del Purgatorio, in sostanza, per Dante, la lussuria è il vizio meno grave in assoluto. Per i penitenti del Purgatorio la Cornice dei lussuriosi rappresenta l'ultima fatica prima di entrare nel Paradiso Terrestre: chi vi accede ha espiato tutti gli altri peccati. Ed è proprio il pentimento a decidere in quale regno andrà l'anima: se questo avviene prima di morire, lo spirito andrà in Purgatorio; se il moribondo invece non si ravvede dei peccati, sarà destinato all'Inferno.

Ma cosa si intende per lussuria? Un lussurioso è semplicemente uno che commette atti impuri in modo sistematico con donne o uomini diversi senza essere mai sazio del sesso, o qualcosa di diverso? Si potrebbe dire che non è corretto basarsi su una definizione "stringente", piuttosto vanno considerate le diverse sfaccettature. A tal proposito trovo interessante un articolo di Enzo Bianchi, saggista italiano, monaco laico, fondatore della Comunità monastica di Bose, che uscì qualche anno fa su Repubblica e del quale riporto un breve estratto:

---

[97] G. Petrocchi (a cura di), *La Commedia secondo l'antica vulgata*, cit.

Il piacere sessuale è il più intenso piacere fisico. Ora, se il piacere è cercato nella "quantità", nella compulsione, nell'eccedenza, l'incontro sessuale viene ridotto alla sola genitalità, al piacere fisico e all'orgasmo, l'interesse si focalizza sull'organo specificamente implicato in esso e lì si rinchiude, senza aperture ad alcuna finalità. L'unico scopo diventa possedere l'altro per farlo strumento del proprio piacere: l'altro è ridotto al suo corpo, alle sue parti erotiche e desiderabili, diventa un oggetto, addirittura un elemento feticistico... Ma l'energia sessuale è unificante quando è rivolta all'amore, alla comunicazione, alla relazione, cioè a una "storia" d'amore; ridotta all'erotismo, invece, essa frammenta, divide, dissipa il soggetto. Chi è preda della lussuria assolutizza la propria pulsione e nega la relazione con l'altro, compiendo così una scissione della propria personalità e riducendo l'altro a una "cosa", prima ancora che a una merce. Eppure questa passione nasce nello spazio della sessualità, dimensione umana positiva tesa alla comunione tra uomo e donna. Il lussurioso riceve come salario del proprio vizio una tristezza e una solitudine più pesanti, alle quali pensa di riparare entrando nella spirale lussuriosa per nuove esperienze, nuovi incontri, nuovi piaceri: sì, una spirale "diabolica" che separa sempre di più piacere da relazione e fecondità.[98]

E così anche Dante è un lussurioso, travolto da una passione carnale che probabilmente lo allontana dai suoi affetti più cari, intrappolato in una spirale diabolica che lo rende prigioniero dei suoi istinti più beceri. Come per la superbia e per l'avarizia, anche della lussuria Dante se ne deve liberare, deve espiare le proprie colpe per poter accedere al Paradiso Terrestre che non è la meta del viaggio, ma l'inizio di uno nuovo che porterà il Poeta nel Regno della Luce.
Tornando al viaggio nel Regno della Speranza, i due viandanti si trovano nella VII Cornice e con loro è presente anche il Poeta Stazio, che li accompagnerà sino al Paradiso Terrestre. Anche

---

[98] E. Bianchi, *La tristezza della lussuria*, https://www.monasterodibose.it/fondatore/articoli/articoli-su-quotidiani/5487-la-tristezza-dellalussuria, 02/06/2019.

qui molte anime si affollano intorno a Dante visto che la proiezione della sua ombra incuriosisce i purganti che si chiedono cosa faccia un vivo in Purgatorio.

Ma fermiamoci un momento sulla pena prevista per i lussuriosi purganti. Le anime sono costrette a camminare in una cortina di fuoco, divise in gruppi che marciano in direzioni opposte. Un gruppo è costituito da lussuriosi contro natura (sodomiti) che per questo gridano l'esempio di Sodoma; gli altri penitenti, invece, peccarono di lussuria secondo natura, abbandonandosi al piacere sessuale in modo eccessivo e bestiale, e gridano l'esempio di Pasifae che si unì al toro nella falsa vacca di legno. Infine, quando questi gruppi di anime si incontrano, si baciano reciprocamente proprio come le formiche si toccano il muso l'una con l'altra. Una pena bizzarra ma sensata, in cui è il fuoco l'elemento principe che simboleggia la passione che ha travolto i penitenti da vivi sulla terra e che li avvolge ora in Purgatorio. Al di là della pena in sé, c'è altro che merita di essere evidenziato. Le schiere di penitenti sono accumunate dalla stessa punizione: avvolte nel fuoco ed intente a baciarsi appena si incontrano. Dante non sceglie pene differenti per i lussuriosi contro natura (cioè i sodomiti e quindi gli omosessuali) rispetto ai lussuriosi secondo natura, ovvero gli eterosessuali. Questa decisione non è scontata in quanto gli omosessuali non godevano di particolari privilegi, anzi, è strano che un uomo nel 1300 abbia deciso di riconoscergli gli stessi diritti.

Secondo lo storico John Boswell si passa infatti da una

> [...] malcelata intolleranza verso l'omosessualità, per lo più ignorata e trattata alla stregua di altri peccati come l'adulterio ed i rapporti prematrimoniali e fuori dal matrimonio, che caratterizza tutto l'Alto Medioevo (VI-XI secolo), ad una ostilità vera e propria che si trasforma in persecuzione fino alla condanna alla pena più grave, cioè la pena capitale, che caratterizza invece il Basso Medioevo (XII-XV secolo).[99]

---

[99] J. Boswell, *La chiesa e l'omosessualità visti da una prospettiva storica*, V Biennial

È il Basso Medioevo (1000-1492) il periodo storico di Dante, periodo in cui gli omosessuali erano trattati al pari delle streghe, perseguitati e uccisi. Anche questa volta, dunque, Dante ci sorprende disattendendo le aspettative a beneficio di una decisione impopolare.
Per quanto riguarda il lessico, il Poeta utilizza termini soavi che rispecchiano la sua ammirazione per i due poeti incontrati nel canto: Guido Guinizelli e Arnaut Daniel.

> *Quali ne la tristizia di Ligurgo*
> *si fer due figli a riveder la madre,*
> *tal mi fec'io, ma non a tanto insurgo,*
>
> *quand'io odo nomar sé stesso il padre*
> *mio e de li altri miei miglior che mai*
> *rime d'amore usar dolci e leggiadre;*
>
> *e sanza udire e dir pensoso andai*
> *lunga fiata rimirando lui,*
> *né, per lo foco, in là più m'appressai.*
>
> *Poi che di riguardar pasciuto fui,*
> *tutto m'offersi pronto al suo servigio*
> *con l'affermar che fa credere altrui.[100]*
> (Dante, *Purgatorio*, vv. 94-105)

Dignity International Convention di San Diego, 1979, https://sourcebooks.fordham.edu/pwh/1979boswell.asp, 02/06/2019.

[100] "Come i due figli (di Isifile), a causa della crudeltà del tiranno Licurgo, si avvicinarono per rivedere la madre, così mi trovai io, ma non osai tanto (non mi avvicinai alle fiamme), quando udii presentarsi il padre mio e degli altri poeti migliori di me che mai scrissero versi d'amore dolci e leggiadri; e per un bel pezzo camminai osservandolo con ammirazione, senza dire e ascoltare nulla, né osai avvicinarmi di più per timore del fuoco. Dopo che fui soddisfatto di averlo osservato, mi offrii tutto pronto al suo servizio, con un giuramento che spinge le persone a credere alle parole".

*Quand'io odo nomar sé stesso il padre mio e de li altri miei
miglior che mai rime d'amore usar dolci e leggiadre*:
emblematica questa terzina in cui Dante riassume tutta la sua
devozione per i due poeti che scrissero versi "dolci" e
"leggiadri".
All'opposto di questo clima roseo e rilassato che si respira nel
Purgatorio, si trova la condizione dei dannati lussuriosi.

> *Or incomincian le dolenti note*
> *a farmisi sentire; or son venuto*
> *là dove molto pianto mi percuote.*
>
> *Io venni in loco d'ogne luce muto,*
> *che mugghia come fa mar per tempesta,*
> *se da contrari venti è combattuto.*
>
> *La bufera infernal, che mai non resta,*
> *mena li spirti con la sua rapina;*
> *voltando e percotendo li molesta.*
>
> *Quando giungon davanti a la ruina,*
> *quivi le strida, il compianto, il lamento;*
> *bestemmian quivi la virtù divina.*
>
> *Intesi ch'a così fatto tormento*
> *enno dannati i peccator carnali,*
> *che la ragion sommettono al talento.*
>
> *E come li stornei ne portan l'ali*
> *nel freddo tempo, a schiera larga e piena,*
> *così quel fiato li spiriti mali;*
>
> *di qua, di là, di giù, di sù li mena;*
> *nulla speranza li conforta mai,*

non che di posa, ma di minor pena.[101]
(Dante, Purgatorio, vv. 25-45)

L'elemento caratteristico del Girone dei lussuriosi dannati è l'aria: una bufera infernale, che soffia incessante, trascina rapinosamente le anime, le tormenta sbattendole e percuotendole. Anche qui si ragiona per contrappasso: come in vita i lussuriosi sono stati preda delle proprie pulsioni che, come un vento, li hanno trascinati verso il peccato carnale, così qui sono travolti da una tormenta che li sbatte e li percuote. Evidentemente anche lo stile linguistico è differente: rime aspre, gutturali, che ricalcano la brutalità del peccato. La bufera infernale che soffia senza fine *di qua, di là, di giù, di su li mena* senza un attimo di tregua (*di qua, di là, di giù, di su*, queste parole sembrano schiaffi che il vento dà ai dannati), mentre le anime urlano, piangono, bestemmiano. Lo "spettacolo" che si manifesta agli occhi di Dante è angosciante, sono oltre mille i dannati che vengono tormentati dal vento, tra cui: Paolo e Francesca, Semiramide, Didone, Cleopatra, Elena (moglie di Menelao), Achille, Paride e Tristano. Questi dannati piangono, ma assai diverse sono le lacrime dei lussuriosi infernali rispetto a quelle dei penitenti purganti: gli uni piangono per disperazione, gli altri piangono sì, ma in cuor loro sanno che il dolore che provano non è vano e che prima o poi la loro sofferenza svanirà e saranno pronti per salire in Paradiso.

---

[101] "Ora inizio a sentire le note dolenti; ora sono giunto in un luogo dove molta sofferenza mi colpisce. Io giunsi in un luogo totalmente buio, che risuona come il mare in tempesta quando soffiano venti contrari. La bufera infernale, che è incessante, trascina rapinosamente le anime; li tormenta sbattendoli e percuotendoli. Quando arrivano davanti alla rovina, allora emettono urla, pianti, lamenti; qui bestemmiano Dio. Capíi che a questa pena sono dannati i peccatori di lussuria, che sottomettono la ragione al piacere. E come d'inverno gli stornelli sono trasportati in volo dalle loro ali, formando una larga schiera, così quel vento trasporta gli spiriti malvagi; li trascina qua e là, su e giù; non hanno alcuna speranza che li conforti, né di riposo né di una diminuzione della pena".

Dante a questo punto si trova a cospetto della cortina di fuoco che deve superare per giungere nel Paradiso Terrestre. Dante è spaventato all'idea di dover oltrepassare un muro di fiamme e Virgilio, per confortarlo, gli parla di Beatrice, dicendo che gli sembra già di vedere i suoi begli occhi al di là delle fiamme. Il Sommo Poeta supera la difficoltà confortato dall'idea di incontrare Beatrice nel Paradiso Terrestre. Da questo momento in avanti è Beatrice a guidare Dante al posto di Virgilio e alla fine del Canto XXVII termina lo spazio dedicato al peccato di lussuria.

Vorrei concludere l'analisi facendo notare al lettore quanto segue: Dante, sposato con Gemma Donati dalla quale ha avuto ben quattro figli, trova il coraggio di gettarsi tra le fiamme sospinto dall'idea di incontrare una donna, Beatrice Portinari, la quale simboleggia l'amore puro, casto e platonico, ma per la quale Dante nella vita reale "perse" effettivamente la testa, tanto da cadere in una profonda crisi alla morte della giovane. Il paradosso è che è grazie a Beatrice se Dante supera la cornice dei lussuriosi, per merito cioè di una donna che non è la moglie; in linea di principio desiderare la donna d'altri (Beatrice era sposata), quando per giunta si è sposati, rappresenta un grave peccato. La vicenda è strana, in quanto Dante desidera un'altra donna al di fuori del matrimonio e che paradossalmente lo "aiuta" ad uscire dal peccato di lussuria nel quale è finito, altro paradosso, sempre per "colpa" delle donne... Certo, il matrimonio con Gemma è stato combinato, non è stato contratto per amore, ma è comunque strano il comportamento di Dante che innalza il ruolo di Beatrice nella *Commedia* (Beatrice non era un'entità astratta, ma una donna in carne ed ossa).

Quel che è certo è che Dante sia stato un tipo passionale con un carattere a tratti spigoloso (si narra che egli abbia messo a soqquadro l'officina di un fabbro perché il proprietario leggeva ad alta voce e in modo non appropriato la sua *Commedia*, motivando così il suo gesto: "Così come tu rovini l'opera mia, io rovino la tua!"), ma noi siamo lieti che non sia stato perfetto, che sia stato un peccatore, e che perciò abbia sentito la necessità di mettere mano e cielo e terra e di scrivere la *Divina Commedia* che è il regalo più bello che ci potesse fare.

Canto XXXIII
Cinquecento, diece e cinque, a chi fa riferimento questa profezia?

> Canto XXXIII, il quale si è l'ultimo de la seconda cantica, ove si racconta sì come Beatrice dichiaroe a Dante quelle cose ch'elli vide, trattando e dimostrando le future vendette e de la ingiuria nel predetto carro del grifone; e infine, veduti li quattro fiumi del Paradiso, escono verso il cielo.[102]

I poeti sono giunti nel Paradiso Terrestre, chiamato Eden nell'Antico Testamento, e da cui Dante ha preso spunto. Il Poeta lo descrive come

> [...] una divina foresta spessa e viva, in cui soffia una brezza leggera e regolare prodotta non da fenomeni atmosferici (del tutto assenti al di sopra della porta del Purgatorio), ma dal ruotare delle sfere celesti. Tra le fronde degli alberi cinguettano soavemente gli uccelli e il fogliame è talmente fitto da non lasciare quasi filtrare la luce del sole. Inoltratosi nel bosco, Dante si ritrova il passo sbarrato da un fiume, il Lete, che come apprenderemo in seguito ha il potere di cancellare il ricordo dei peccati commessi alle anime che vi si immergono, mentre un secondo fiume, l'Eunoè, ha il potere di rafforzare il ricordo del bene compiuto. Al di là del Lete appare a Dante Matelda, una bellissima giovane donna che è la sola abitante del luogo e va forse interpretata come l'allegoria dello stato perduto di innocenza dell'uomo.[103]

Dante assiste a due strane processioni che sono propedeutiche alla comprensione di una profezia di Beatrice che sarà esaminata

---

[102] G. Petrocchi (a cura di), *La Commedia secondo l'antica vulgata*, cit.
[103] *La Divina Commedia*,
https://divinacommedia.weebly.com/eden.html, 10/06/2019.

in questo capitolo. Data la complessità e la lunghezza di queste
visioni, che occupano circa cinque Canti, cercherò di riassumere
nel modo più stringato e semplice possibile.

Il Poeta nel Canto XXIX vede un carro a due ruote trainato da
un grifone. Nel canto successivo fa il suo ingresso trionfale sul
carro Beatrice insieme alle virtù teologali e, contestualmente,
scompare Virgilio: da ora in avanti fino a quasi tutto il Paradiso
sarà Beatrice la guida di Dante. Beatrice rimprovera aspramente
Dante per i peccati commessi, quindi fa immergere il Poeta nelle
acque del Lete (Canto XXXI). Nel Canto XXXII si manifesta
una nuova processione: un'Aquila si cala dall'alto squarciando
rami, foglie e fiori appena nati e danneggiando il carro. A questo
punto una volpe famelica si avventa sul carro; è Beatrice ad
allontanare la volpe che scappa rapidamente. Ma ecco
nuovamente l'Aquila che si avventa sul carro lasciando qui
alcune delle sue penne: una voce dal Cielo dichiara che il carro
è carico di una cattiva merce. Poi Dante vede la terra aprirsi fra
le ruote del carro e uscirne un drago, che conficca la coda nel
fondo del veicolo: esso tira fuori la coda maligna staccando una
parte del carro, per poi allontanarsi. Il carro si ricopre in seguito
delle penne lasciate dall'Aquila fino a farlo completamente. Il
carro si trasforma in una sorta di mostro a sette teste: ora sopra
di esso siede una prostituta con accanto un gigante con cui
scambia dei baci. La prostituita rivolge a Dante uno sguardo
pieno di desiderio e il gigante la frusta per poi trascinare via il
carro nella foresta, finché il Poeta non è più in grado di vedere
né la meretrice né il carro tramutato in un mostro.

È evidente che ogni parola che Dante utilizza non è casuale e
tutto rientra in una simbologia ben precisa:

- l'Aquila rappresenta l'Impero Romano e le prime persecuzioni dei
cristiani;
- la volpe rappresenta le eresie che sono espulse dalla predicazione e
dalla Scienza divina;

- le penne dell'Aquila che cadono nel carro sono la donazione di Costantino;
- il drago con le ali e la cresta può essere Maometto e la diffusione dell'Islam, oppure l'Anticristo o ancora gli scismi che hanno dilaniato la Chiesa e che hanno sottratto tanti fedeli;
- la deformazione del carro documenta la corruzione della Chiesa;
- la meretrice potrebbe essere la Chiesa assoggettata al re di Francia durante la cattività avignonese.

In linea di massima, dunque, l'interpretazione più plausibile è quella che legge nelle vicende del carro le vicissitudini della storia della Chiesa.

Siamo giunti ora ad uno dei passi più controversi e dibattuti della *Commedia* sul quale vorrei soffermarmi. Il passaggio in questione riguarda la profezia che Beatrice si accinge a formulare nel Canto XXXIII la quale, a distanza di secoli, è ancora attorniata da un alone di mistero: l'Aquila che lasciò le penne nel carro non resterà a lungo senza eredi, dice Beatrice, asserendo che di lì a poco le stelle saranno favorevoli alla venuta di un *cinquecento, diece e cinque* che sarà un inviato di Dio e che ucciderà la prostituta e il gigante che traffica con lei. Forse, aggiunge Beatrice, la sua profezia risulta troppo oscura per Dante, ma presto i fatti toglieranno ogni dubbio senza causare alcun danno. *Cinquecento, diece e cinque*: di chi sta parlando Beatrice? A chi si riferisce? Perché è così criptica? Sono questi gli interrogativi che attanagliano da secoli gli studiosi. Ora si aprono diverse scuole di pensiero che lasciano spazio a differenti interpretazioni: *cinquecento, diece e cinque* trascritto in numeri romani dà *DXV* che, anagrammato, è *DVX*, cioè condottiero. C'è chi crede quindi che Beatrice si riferisca ad un condottiero che succederà all'Aquila (cioè all'Impero). Altri invece credono che DXV stia per *Domini Xristi Vicarius* e cioè il vicario di Cristo sulla terra e cioè il papa, credendo perciò che Beatrice si riferisca ad un pontefice che prenderà le redini della Chiesa ripristinando l'ordine morale. Sempre in ambito religioso c'è chi pensa che DXV significhi *Dominus Christus Victor* ovvero "Cristo Signore Vincitore". I più fantasiosi invece asseriscono che la *D* stia per Dante e che sia lui il predestinato che con la sua *Commedia* ha acceso un riflettore sui vizi e sulle virtù degli esseri umani. Alcuni esperti invece hanno applicato la *gematria* alla frase oscura. Questa scienza teologica

> [...] studia le parole scritte in lingua ebraica e assegna loro valori numerici: questo sistema afferma che parole e/o frasi con valore numerico identico siano correlate, o dimostrino una qualche relazione col numero stesso, applicato, per esempio, all'età di una persona, a un anno del calendario ebraico o simili. È uno dei metodi di analisi utilizzati nella Cabala.[104]

Applicando questa scienza all'enigmatico *cinquecento, diece e cinque* si ottengono una serie di risultati che aprono altrettanti interrogativi senza dare una risposta certa. Altri studiosi si sono cimentati con l'aritmetica ottenendo risultati discutibili: 500 + 10 + 5 = 515, il quale, sommato al secolo di Dante, XIV, 1300, restituisce il numero 1815. In effetti il 1815 è stato un anno denso di eventi politici, di aspre battaglie, ma non si annoverano personaggi o avvenimenti così clamorosi o risolutori. Dal punto di vista ecclesiastico, in quell'anno era in carica papa Pio VII che viene ricordato soprattutto per il suo carisma personale e per il suo amore per la cultura. Va detto, però, che in questa interpretazione c'è un errore di fondo: Beatrice dice che l'Aquila non resterà a lungo senza eredi, cioè che da lì a breve ci sarà la venuta di un *cinquecento, diece, cinque*, per questo motivo il 1815 mi sembra un anno non proprio prossimo al 1300 e quindi ipotesi questa probabilmente da scartare.
Sempre prendendo in considerazione l'aspetto numerico, alcuni appassionati dantisti hanno individuato il *cinquecentoquindicesimo* verso del poema, presente nel IV Canto dell'Inferno, che corrisponde alla frase *Sì mi fecer de la*

---

[104] *Gematria - Treccani.it*, https://it.wikipedia.org/wiki/Gematria, 20/06/2019.

loro schiera, e che si riferisce al fatto che Dante si considera il sesto migliore Poeta dopo Omero, Orazio, Ovidio, Lucano e Virgilio. Questa coincidenza sembra estremamente interessante. Nel verso 515 della *Commedia*, Dante parla di sé stesso. Forse quindi Beatrice intenda veramente essere Dante il misterioso *cinquecento, diece e cinque*? A onor del vero, va detto che queste ipotesi sono solo una parte di tutti i ragionamenti che sono stati fatti nel corso dei secoli e che molti si sono cimentati nelle più disparate interpretazioni senza però fugare completamente ogni dubbio. Al netto di queste considerazioni, credo che si debba partire dalle terzine per cercare di fare chiarezza:

> *Sappi che 'l vaso che 'l serpente ruppe*
> *fu e non è; ma chi n'ha colpa, creda*
> *che vendetta di Dio non teme suppe.*
>
> *Non sarà tutto tempo sanza reda*
> *l'aguglia che lasciò le penne al carro,*
> *per che divenne mostro e poscia preda;*
>
> *ch'io veggio certamente, e però il narro,*
> *a darne tempo già stelle propinque,*
> *secure d'ogn'intoppo e d'ogni sbarro,*
>
> *nel quale un cinquecento diece e cinque,*
> *messo di Dio, anciderà la fuia*
> *con quel gigante che con lei delinque.*[105]
> (Dante, *Purgatorio*, vv. 34-45)

---

[105] "Sappi che il vaso (il carro della Chiesa) che il serpente (il drago) ha rotto è come se non esistesse più; ma chi è colpevole di questo, creda che la vendetta di Dio sarà inesorabile. L'Aquila che ha lasciato le penne nel carro, che per questo è diventato un mostro e poi preda del gigante, non sarà sempre senza eredi; infatti io vedo sicuramente, e perciò lo racconto, che è vicina una costellazione, al riparo da ogni ostacolo e da ogni sbarramento, che darà al mondo un'epoca in cui un cinquecento dieci e cinque (DXV), inviato di Dio, ucciderà la meretrice e quel gigante che traffica con lei".

Analizzando la prima terzina, è molto probabile che Beatrice parli della condizione non felicissima della Chiesa Cattolica dell'epoca, periodo in cui si sono succeduti pontefici discutibili, un'ipotesi che trova riscontro nell'alto numero di papi e sacerdoti che Dante ha dislocato tra Inferno e Purgatorio: cattivi amministratori, simoniaci e truffatori che hanno fatto scempio dell'eredità di Pietro nel corso dei secoli.

Nella seconda terzina Beatrice fa riferimento all'*aguglia*, l'Aquila, l'Impero, che lascia le sue penne al carro; infine Beatrice profetizza che arriverà presto qualcuno che ripristinerà l'ordine.

Credo che le uniche certezze siano che Dante parli della Chiesa e dell'Impero, che sono del resto i temi ricorrenti della *Commedia*, tesi suffragata anche dagli studi del Valli.

Probabilmente non è un caso che l'autore sia stato così vago, anche perché Dante non poteva prevedere il futuro e individuare un personaggio certo; penso che il Poeta, tramite la bocca di Beatrice, abbia voluto semplicemente dire che verrà qualcuno che ristabilirà l'ordine: che sia papa o imperatore poco importa, ecco perché le sue parole sono così vaghe e non trovano un riscontro certo (come anche per la profezia del Veltro del primo Canto dell'Inferno).

Il ragionamento di Dante si basa, a mio avviso, sulla ciclicità della storia in cui a seguito di un periodo buio ce n'è uno più roseo e così via. Il suo è un messaggio di speranza che tranquillizza il lettore e che si concretizza nei molti personaggi che da lì in poi sono effettivamente passati alla storia per aver dato un contributo positivo all'umanità: papi "buoni", governanti "coraggiosi", santi e persone sagge che, a vario titolo, hanno fatto del bene.

Questa interpretazione è coerente anche con quanto detto nell'introduzione generale e cioè che la *Divina Commedia* fondamentalmente è un libro aperto all'interno del quale ognuno ci legge quello che è più confacente al proprio io, quello che più sente appartenergli, quello che più si addice al periodo storico del lettore. La *Divina Commedia* è uno specchio che riflette sé stessi; al pari di una seduta psicoterapeutica (in cui il medico funge da specchio attraverso cui il paziente riconosce, apprende e risolve i propri problemi guidato dal dottore medesimo), la *Commedia* ci mette davanti ai nostri limiti ma anche alle nostre potenzialità e ci dà coscienza del nostro essere (il paragone del terapeuta-specchio lo trovate ampiamente illustrato nel libro *Dialogo tra uno psichiatra e il suo paziente*, di Vittorino Andreoli).

Mi dispiace per tutti quelli che cercavano una risposta certa: nessuno, a settecento anni di distanza, può ancora dire precisamente chi si nasconda sotto le spoglie del *cinquecento, diece e cinque.*

PARTE TERZA
Il Paradiso

Introduzione Paradiso

Il Paradiso dantesco ha una connotazione intangibile, è *luce*, *musica*, *poesia*, *filosofia*, *teologia*, *estasi*, *appagamento*, *calore*, *amore*, *pace*, *sapienza*, *conoscenza*. La terza Cantica risponde ai dubbi più complessi e reconditi di Dante, appaga i suoi sensi e amplifica le sue emozioni. Il Paradiso conclude il viaggio del Sommo Poeta, viaggio non solo fisico, ma spirituale, che culmina con la visione della Trinità; Dante è giunto fin lì dopo aver oltrepassato il Regno della Dannazione e quello della Speranza, ha sofferto, ha conosciuto le bassezze più remote dell'animo umano, ha letteralmente faticato per arrivare in Paradiso. Ora egli è ormai puro e pronto a incontrare Santi e Beati, che gli mostreranno le meraviglie e gli sveleranno i misteri dell'Universo. Il Paradiso dantesco è la celebrazione del genio dell'Alighieri, è la massima espressione delle capacità dell'autore, ultimo atto di un'ascesa poetica che sublima con la descrizione di Dio.

Il Regno degli Angeli non ha connotazioni fisiche come gli altri due regni, Dante descrive qualcosa di immateriale che si basa sul sistema geocentrico aristotelico-tolemaico; non dobbiamo dimenticarci che la *Commedia* è stata scritta nel XIV secolo ed è una summa delle conoscenze dell'epoca.

> Dante attinge alla concezione dell'universo elaborata nel II secolo dopo Cristo da Tolomeo. La Terra risulta divisa in due emisferi dei quali è abitato solo il settentrionale tra il Gange e le colonne d'Ercole. L'emisfero meridionale è coperto dall'oceano ed in mezzo ad esso si erge il monte del Purgatorio. Nel centro dell'emisfero settentrionale, a Gerusalemme, vi è l'imboccatura dell'imbuto causato dalla caduta di Lucifero dopo la sua cacciata dal Paradiso. La caduta

di Lucifero ha provocato lo spostamento della massa terrestre che ha dato origine nell'altro emisfero al monte Purgatorio. Intorno alla Terra ruotano nove sfere celesti concentriche; le prime sette ospitano un pianeta dal quale prendono il nome (Luna, Mercurio, Venere, Sole, Marte, Giove, Saturno), seguite dal cielo delle stelle fisse e dal Primo Mobile. Le sfere sono avvolte nell'Empireo, immobile sede di Dio. Il Primo Mobile si muove più velocemente di tutte le altre sfere e trasmette ad esse il movimento. Nell'Empireo hanno sede i beati disposti in una candida rosa e le gerarchie angeliche, ciascuna delle quali trasmette la sua virtù ad un cielo e ne conferisce il movimento.[106]

Un espediente per ricordare facilmente i cieli danteschi è quello di associare i pianeti ai giorni della settimana nel seguente modo, come ci suggerisce Tommaso Nobile nel suo libro *Il Mondo Dantesco*: prima si pensi ai primi tre giorni della settimana dispari, dopo si aggiunga il sole e poi si continui con i giorni pari.

Lunedì = Lun = Luna,
Mercoledì = Mer = Mercurio,
Venerdì = Ven = Venere,
Domenica = Sole,
Martedì = Mar = Marte,
Giovedì = Gio = Giove,
Sabato = Sa = Saturno,
poi a memoria: Stelle Fisse, Primo Mobile, Empireo.

Ciascuno dei Cieli è governato da un'intelligenza angelica e i primi otto sono associati a un influsso celeste e a una particolare schiera di beati (eccetto l'VIII, dove non compare alcuna schiera).

---

[106] P. Perotti, L. Giusti, *La Divina Commedia, guida allo studio, il Paradiso*, Argo, Genova, 1999, p. 11.

EMPIREO
DIO
GERARCHIE ANGELICHE
CANDIDA ROSA DEI BEATI
PURGATORIO
TERRA
INFERNO
PARADISO

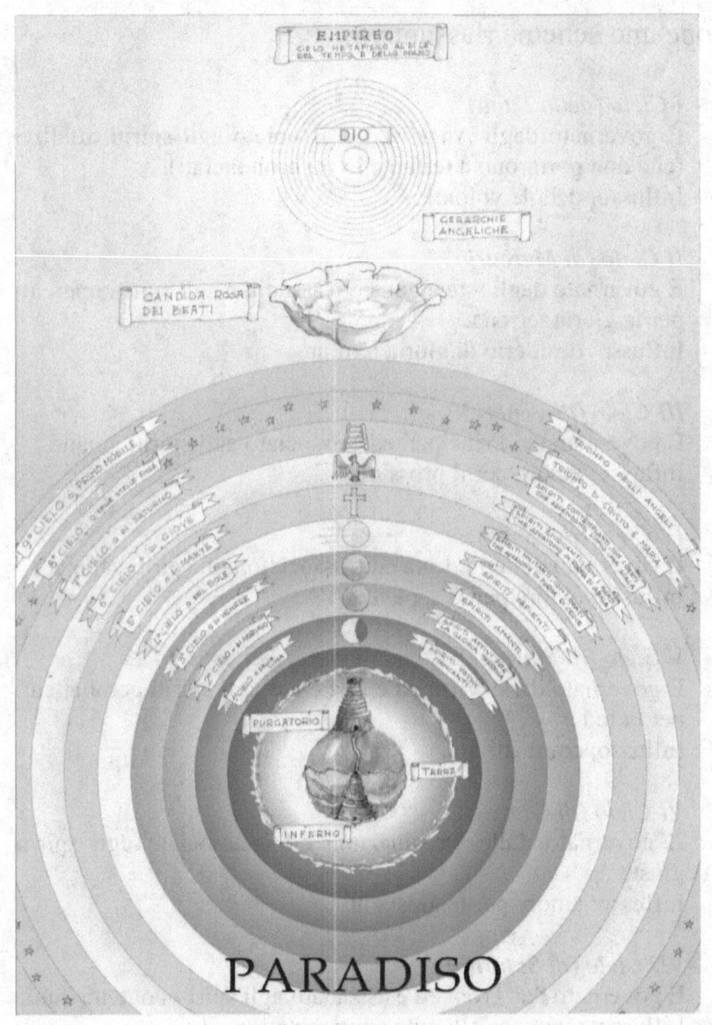

Pinterest

Eccone uno schema riassuntivo:

I Cielo (della Luna)
È governato dagli Angeli ed è associato agli spiriti difettivi (che non portarono a termine i voti pronunciati).
Influsso: debole volontà.

II Cielo (di Mercurio)
È governato dagli Arcangeli ed è associato agli spiriti operanti per la gloria terrena.
Influsso: desiderio di gloria terrena.

III Cielo (di Venere)
È governato dai Principati ed è associato agli spiriti amanti.
Influsso: amore per il prossimo

IV Cielo (del Sole)
È governato dalle Podestà ed è associato agli spiriti sapienti.
Influsso: amore per la sapienza.

V Cielo (di Marte)
È governato dalle Virtù ed è associato agli spiriti combattenti per la fede.
Influsso: combattività.

VI Cielo (di Giove)
È governato dalle Dominazioni ed è associato agli spiriti giusti.
Influsso: amore per la giustizia.

VII Cielo (di Saturno)
È governato dai Troni ed è associato agli spiriti contemplanti.
Influsso: tendenza alla vita contemplativa.

VIII Cielo (delle Stelle Fisse)
È governato dai Cherubini.
Influsso: amore per il bene.

IX Cielo (Primo Mobile)
È governato dai Serafini e imprime il movimento a tutti gli altri Cieli.

X Cielo (Empireo)
È la sede di Dio, degli angeli, dei beati.

Non è semplice per il lettore immaginarsi visivamente questo ultimo regno; l'Inferno e il Purgatorio sono costituiti da rocce, fiumi, fiamme, alberi, elementi tangibili, il Paradiso invece travalica i cinque sensi, esula dalle capacità umane.

> Dante sottolinea a più riprese nella Cantica l'estrema difficoltà per i suoi mezzi umani di dare una compiuta descrizione del regno santo che rappresenta una dimensione sovrumana e va oltre le normali capacità terrene: tale difficoltà nasce anzitutto dal labile ricordo che della visione è rimasto nella sua memoria, a causa della sproporzione tra le capacità del suo intelletto e l'altezza delle cose vedute, e poi dal problema di esprimere a parole ciò che per sua natura è indescrivibile.[107]

L'autore spiega un mondo che è difficilmente comprensibile sia perché immateriale, sia perché i concetti esposti non sono di immediata comprensione vista la complessità dei temi trattati, tanto che Dante ammonisce i lettori con scarse conoscenze in ambito teologico di non mettersi in mare seguendo la scia della sua nave poiché rischierebbero di restare smarriti. Per fortuna per noi, da quando è stata scritta la *Commedia* a oggi, molti studiosi hanno spiegato le terzine dantesche e noi oggi possiamo metterci in navigazione con il Sommo Poeta senza paura di smarrirci. Inoltre, è da considerare che noi Italiani siamo molto fortunati a poter leggere le terzine senza ausilio della traduzione: la *Divina Commedia* tradotta in qualsiasi altra lingua perde tutto il suo fascino e la sua musicalità.
Nella terza e ultima Cantica il registro linguistico di Dante si innalza, i termini impiegati evocano la beatitudine delle anime e la serenità che i cieli emanano nello spirito del Poeta. Le rime

---

[107] *La Divina Commedia*,
https://divinacommedia.weebly.com/introduzione-paradiso.html, 25/06/2019.

sono soavi, in netto contrasto con l'Inferno in cui l'asprezza dei vocaboli rifletteva l'ostilità dei luoghi e la brutalità dei dannati. A guidare Dante per buona parte del Paradiso è Beatrice, per essere poi sostituita, nel XXXI Canto, da San Bernardo di Chiaravalle. È probabile che Dante abbia scelto San Bernardo quale devoto della Madonna, che potrà invocare la Vergine nel XXXIII Canto; inoltre Dante probabilmente ha assunto San Bernardo come ultima guida perché ritenuto uno dei più grandi mistici del Medioevo.

Il Paradiso conclude in modo trionfale il poema dantesco nel quale l'Alighieri ha dato fondo a tutte le sue capacità, componendo un'opera che probabilmente non ha avuto e non avrà mai più eguali.

La *Commedia* è stata celebrata fin dalla sua uscita, ma la consacrazione mondiale è arrivata nel XIX secolo con la nascita della *Dante Society of America*, impegnata nella diffusione della *Divina Commedia* tramite la creazione di una biblioteca specializzata di letteratura dantesca presso l'Università di Harvard.

Sempre nel 1800 nasce la *Società Dantesca Italiana*, una società scientifica senza fini di lucro avente lo scopo di promuovere manifestazioni e iniziative tese a tenere viva la memoria di Dante Alighieri e in particolare di curare o incoraggiare la pubblicazione di studi sulla vita e sulle opere del Sommo Poeta. Nel corso del XX secolo molti autorevoli letterati stranieri si sono appassionati al viaggio dantesco diventando tra i più quotati commentatori: Mandel'štam, Borges, Auerbach, Singleton, solo per citarne alcuni. Anche alcuni pontefici hanno celebrato il genio di Dante, ultimo Papa Francesco, che ha indicato il Poeta come guida "per attraversare le tante selve oscure ancora disseminate nella nostra terra".

Con la *Commedia*, Dante ha sensibilizzato laici, atei, e "Cristiani tiepidi" ai temi inerenti l'aldilà, ricordandoci che, come esiste Dio, esiste anche Satana, la cui azione ordinaria è tentarci al male per separarci da Dio (Padre Amorth *docet*).

Dante ha preso spunto dalle Sacre Scritture per redigere un testo che non è sacro, ma che nel corso della storia sicuramente ha avvicinato o riavvicinato molte persone al Cristianesimo. E non è una casualità se molti sacerdoti hanno un'enorme stima di Dante e riconoscono alla sua Opera intenti positivi e mirabili. Tuttavia, essa non è stata sempre così ben apprezzata dagli studiosi; una parte di loro ha intravisto, specialmente nel Paradiso, una Cantica fin troppo astratta, preferendo Inferno e Purgatorio, dove i personaggi affascinano maggiormente la fantasia dei lettori per le loro gesta che si contrappongono ai ragionamenti prettamente filosofici e teologici del Paradiso. Anche autorevolissimi commentatori, tra tutti Benedetto Croce, hanno criticato il Paradiso dantesco considerandolo una sorta di *filosofia messa in versi*, didascalica e pedantesca, nella quale a detta loro si annoverano pochi e isolati momenti di autentica ispirazione. Anche altri critici illustri, come Pietro Brembo, cardinale e umanista, hanno espresso qualche perplessità asserendo che la *Commedia* dantesca è come

> [...] un bello e spazioso campo di grano, che sia tutto d'avene
> e di logli e d'erbe sterili e dannose mescolato, o ad alcuna non
> potata vite al suo tempo, la quale si vede essere poscia la state
> sì di foglie e di pampini e di viticci ripiena, che se ne offendono
> le belle uve.[108]

Sostanzialmente Bembo scarta la *Commedia* come modello di riferimento in quanto difficile da imitare a causa del suo plurilinguismo che rende il testo estremamente mutabile: Dante utilizza latinismi, passa dal raccontare storie di ladri e truffatori, alla descrizione di Dio, salta dal registro epico al tragico, dal lirico all'elegiaco. Questa complessità, tuttavia, non dovrebbe rappresentare un limite, bensì un grande punto di forza che

---

[108] P. Bembo, *Prose della volgar lingua*, Libro Secondo, Capitolo XX, https://it.wikisource.org/wiki/Prose_della_volgar_lingua/Libro_secondo/XX, 25/06/2019.

innalza la *Commedia* e la pone come testo di riferimento: abbiamo bisogno di tendere ai migliori cercando di imparare dalla loro bravura.

In linea di massima, e al di là di qualche isolato commento, la *Divina Commedia*, Paradiso compreso, è universalmente considerata il capolavoro di tutte le letterature, studiata nelle scuole di mezzo mondo e assunta come modello e fonte di ispirazione. Proprio ai giorni d'oggi il poema gode di grande considerazione, merito anche degli spettacoli di Roberto Benigni attraverso i quali, qualche anno fa, il regista toscano spiegava alcuni Canti e al quale va riconosciuta un'appassionata disquisizione delle terzine dantesche, attività questa che ha richiamato un pubblico sempre molto eterogeneo e numeroso. In particolare, proprio il XXXIII Canto del Paradiso illustrato da Benigni fu trasmesso in prima serata su Rai Uno e questo fece da cassa di risonanza al poema dantesco che entrò nelle case degli Italiani coinvolgendo e interessando anche i meno dotti (a vederlo furono 12.687.000 telespettatori, con il 45,48% di share[109]).

A partire dal 27 luglio 2006, in piazza Santa Croce a Firenze, Benigni ha tenuto un ciclo di letture dantesche. Tredici canti, uno per sera, letti e commentati, come in un unico grande racconto, dall'attore toscano più noto nel mondo. I canti della *Divina Commedia* che sono stati scelti sono i primi dieci, il XXVI e il XXXIII dell'Inferno e il XXXIII del Paradiso. Dal successivo novembre Benigni ha poi portato in giro per l'Italia le sue letture dantesche, in un tour chiamato *Tutto Dante*. Nel corso del 2007 lo spettacolo è stato proposto in alcune carceri italiane. Ispirato al tour *Tutto Dante*, la RAI ha prodotto uno spettacolo, che vede protagonista lo stesso Benigni, diviso in una prima serata evento e altre dodici seconde serate. Il 29 novembre 2007 è andata in onda su Rai Uno la prima puntata della serie in cui Benigni ha letto 14 canti della *Divina*

---

[109] *Benigni sbanca l'Auditel*, www.repubblica.it/2007/11/sezioni/spettacoli_e_cultura/benigni-raiuno/ascolti-serata/ascoltiserata.html, 28/06/2019

Commedia, preceduti da una sua personale spiegazione. La prima puntata è stata seguita da 10.076.000 telespettatori. Il programma è proseguito per 13 puntate in seconda serata su Rai Uno a partire dal 6 dicembre; dal dicembre 2008, lo spettacolo è stato proposto in diverse città d'Europa, negli Stati Uniti, in Canada e in America del Sud, per poi concludersi definitivamente il 6 settembre 2009 all'Arena di Verona.[110]

Piccola curiosità: Roberto Benigni, attore, regista, premio Oscar, lettore, interprete a memoria e commentatore della *Divina Commedia* di Dante Alighieri, per la cui diffusione è stato candidato al Premio Nobel per la letteratura 2007, e che ha recitato, inoltre, il *Canto degli Italiani*, i principi fondamentali della Costituzione della Repubblica Italiana e i Dieci Comandamenti biblici ricevendo consensi di pubblico e critica, è un semplice ragioniere. Solo a seguito della sua attività artistica ha ricevuto numerose onorificenze come le numerose lauree *honoris causa* in Filosofia, Lettere, Psicologia, ecc. Come già detto, l'arte è di tutti e chiunque può appassionarsi. Parafrasando de Saint-Exupéry, "L'arte è negli occhi di chi guarda", cioè è il fruitore che dà valore ad un'opera.

Proprio perché l'arte è di tutti e tutti devono averne accesso, le attività sopra citate hanno una connotazione divulgativa che mira a raggiungere anche tutte quelle persone che hanno una conoscenza sommaria e limitata del testo dell'Alighieri. Molti si appassionano, altri rimangono indifferenti, ciò che è certo è che la *Commedia* gode oggi di nuovo lustro, merito anche della rete internet che diffonde contenuti e rende più semplice la fruizione delle informazioni.

Successivamente agli spettacoli di Benigni, nel 2015 in occasione del 750 esimo anniversario della nascita del Poeta, sono sorte una serie di attività volte alla sua celebrazione che hanno richiamato un folto numero di appassionati e curiosi che

---

[110] *Roberto Benigni: un comico che ci insegna tanto*, www.motivatemeapp.it/2016/10/01/roberto-benigni-un-comico-ci-insegna-tanto/, 28/06/2019.

si sono avvicinati per la prima volta o si sono riavvicinati nuovamente allo studio della *Commedia*.

Con il XXXIII canto del Paradiso, termina il viaggio dantesco: Dante sarà un uomo nuovo, rinnovato nel corpo e nello spirito, pronto ad affrontare la vita con la consapevolezza che c'è altro dopo la morte. A noi lettori il Poeta lascia la chiave per giungere in Paradiso, ci rivela cioè il segreto per meritare la vita eterna, il quale verrà svelato proprio al termine dell'ultimo Canto.

Canto IV
La volontà: ognuno è artefice del proprio destino

> Canto IV, dove in quello medesimo cielo due veritadi si
> manifestano da Beatrice: l'una è del luogo de' beati, e l'altra
> si è de la voluntate mista e de la absuluta; e propone terza
> questione del voto e se si puote satisfare al voto rotto.[111]

Dante e Beatrice sono giunti sino al cielo della luna. Dante è
arrivato in Paradiso col suo corpo in carne ed ossa, ciò è
incomprensibile alla ragione umana, per questo motivo il Poeta
sottolinea che certi misteri saranno svelati soltanto quando
saremo in Paradiso, per ora dobbiamo credere a ciò che
leggiamo.

Il IV Canto della terza Cantica, uno tra i più dottrinali, ruota
attorno al concetto di *volontà*, tema estremamente affascinante
che si lega al concetto di libero arbitrio: non esiste un destino
già scritto, siamo noi a crearlo con le nostre scelte.
Paradossalmente se Dio ci ordinasse di amarlo, ma noi
rifiutassimo, Egli non potrebbe fare nulla: siamo noi gli artefici
del nostro avvenire, i responsabili delle nostre scelte, nessuno
può opporsi. La volontà è il concetto cardine del libero arbitrio
e anche nella *Commedia* ha un peso importante tanto da
occupare buona parte del canto in oggetto.

Ma procediamo con ordine.

Il canto si apre con due dubbi di Dante: il Poeta non sa quale
esprimere per primo, come un uomo che deve scegliere quale
cibo mangiare tra due ugualmente distanti e attrattivi.

---

[111] G. Petrocchi (a cura di), *La Commedia secondo l'antica vulgata*, cit.

> *Intra due cibi, distanti e moventi*
> *d'un modo, prima si morria di fame,*
> *che liber'omo l'un recasse ai denti;*[112]
> (Dante, *Paradiso*, vv. 1-3)

Questa situazione ricorda il paradosso dell'asino di Buridano, ragionamento attribuito a Giovanni Buridano, filosofo contemporaneo di Dante:

> Un asino posto tra due cumuli di fieno perfettamente uguali e alla stessa distanza non sappia scegliere se iniziare a mangiare o a bere, morendo di fame e sete nell'incertezza. Secondo Buridano l'intelletto è sempre in grado di indicare all'uomo quale sia la scelta giusta tra le varie diverse alternative tanto che se, per assurdo, la scelta fosse costituita da due elementi identici la volontà si paralizzerebbe a meno che non si scegliesse di non scegliere.[113]

Così Dante non sa quale dubbio esprimere per primo e si trova paralizzato di fronte a Beatrice, la quale capisce i quesiti che albergano nella mente del Poeta e fornendo la risposta lo cava d'impaccio. Beatrice rappresenta la ragione, la conoscenza, la saggezza, ed è doveroso ricordare che ella è l'unica donna a permettersi di sgridare il Poeta in determinate circostanze: Dante accetta di buon grado i suoi rimproveri facendone tesoro. È necessario, inoltre, sottolineare che Dante accoglie i rimproveri di una donna, Beatrice, laddove nel Medioevo queste non godevano di particolare stima, di fatto vivevano delle ingenti restrizioni, specialmente se appartenenti al ceto basso: erano proprietà del padre o del marito, non potevano fare determinati lavori o accedere a cariche pubbliche.

---

[112] "Un uomo dotato di libera scelta, posto fra due cibi a uguale distanza e ugualmente appetibili, morirebbe di fame prima di mangiarne uno".

[113] *Asino di Buridano - Enciclopedia Garzanti di Filosofia*, Garzanti, 1998, https://flipbook.cantook.net/?d=%2F%2Fedigita.cantook.net%2Fflipbook%2Fpubli cations%2F141532.js&oid=3&c=&m=&l=it&r=&f=epub, 28/06/2019.

> [...] fisicamente deboli e moralmente fragili le donne nel
> Medioevo erano viste come esseri da proteggere, sia dagli altri
> che da sé stesse. Nobili, lavoratrici cittadine, o religiose di un
> convento erano sottoposte alla sorveglianza e guida degli
> uomini. Non potevano sostenere un'attività in proprio,
> neanche dopo una vedovanza, infatti l'universo femminile era
> limitato dalla legge della corporazione, la quale stabiliva che
> ogni amministrazione doveva essere integrata da un uomo.[114]

Dante quindi va controcorrente e non si vergogna di essere
ammonito da una donna, un grande esempio di civiltà e
modernità.

Beatrice rappresenta l'ancora di salvezza di Dante alla quale il
Poeta si aggrappa e grazie alla quale intraprende il suo viaggio
mistico: senza Beatrice, Dante sarebbe rimasto nella selva
oscura, ostaggio dei suoi vizi.

Beatrice dunque fornisce pronta risposta agli interrogativi di
Dante, ella

> [...] legge sul volto di Dante, in forma più manifesta di quanto
> possano dire le stesse parole, l'intenso desiderio di uscire da
> quella grave sospensione; ella, cioè, si accorge che le due
> volontà si bilanciano in lui in così corrispondente misura, da
> impedirgli di "spirar" fuori, di renderle, insomma, manifeste
> con parole.[115]

Il primo dubbio riguarda l'inadempienza del voto quando esso è
causato dalla violenza altrui, mentre il secondo concerne la sede
dei beati. Beatrice li risolverà entrambi, cominciando dal
secondo, più pericoloso sul piano della Fede. Ella spiega che
tutti i beati risiedono nell'Empireo, ma si manifestano a Dante
nei vari cieli solo per consentirgli di vedere il loro diverso grado
di beatitudine. Questo perché è impossibile comprendere il

---

[114] G. Barbieri, *La condizione della donna nel Medioevo*,
http://www.italiamedievale.org/portale/la-condizione-della-donna-nel-medioevo/,
06/07/2019.
[115] G. Di Pino, *Lectura Dantis Scaligera - Paradiso*, Le Monnier, Firenze, 968, p. 98.

regno dell'immateriale con i cinque sensi. Quindi gli spiriti aiutano Dante nella comprensione di ciò che vede manifestandosi a diverse "altezze": più in basso, sulla luna, le anime che sono più "lontane" da Dio e che "godono" meno del suo amore, fino a salire sino agli ultimi cieli in cui le anime risentono maggiormente del suo influsso. In realtà gli spiriti non sono più vicini o più lontani, sono tutti nel regno di Dio e percepiscono tutti la Sua presenza senza desiderare di salire ad un cielo superiore.

Nel Canto precedente, infatti, Piccarda Donati, la prima anima beata che Dante incontra nel Paradiso, gli aveva spiegato che gli spiriti beati sono appagati dalla *virtù della carità*, che fa sì che essi desiderino unicamente ciò che hanno. Diversamente, vi sarebbe contrasto tra la volontà delle anime e la volontà di Dio, il che è impossibile in Paradiso. Gli spiriti del Paradiso sono conformi alla volontà di Dio e la loro disposizione è frutto di una volontà superiore che viene accetta con gioia da tutte le anime. In particolare, nel cielo della luna dove Dante incontra Piccarda, gli spiriti hanno ancora una vaga fattezza umana, sono evanescenti come se fossero riflessi in un vetro pulito o in acqua limpida non troppo profonda, ma tanto basta per comprenderne i lineamenti. Così come nella Bibbia in cui i personaggi celesti vengono spesso rappresentati con fattezze umane, o così come Gesù Cristo utilizza le parabole per rendere più chiaro un concetto, anche nel Paradiso le anime, sapendo che Dante è vivo, comprendono i suoi limiti e lo aiutano a capire i vari misteri e le diverse situazioni adattando contenuti e spiegazioni alla capacità di apprendimento del cervello umano.

Beatrice a questo punto risolve il primo dubbio di Dante che riguarda i voti non compiuti, cioè di tutte quelle persone che in vita hanno fatto voto, ad esempio le suore, ma che per qualche motivo sono state costrette a non onorarlo. Questo è proprio il caso di Costanza d'Altavilla e Piccarda Donati, suore, rapite dal proprio convento senza averne mai più fatto ritorno. La loro storia è simile in quanto entrambe sono state strappate dal convento per essere date in sposa. Piccarda e Costanza sono spiriti difettivi: non adempiendo ai voti pronunciati, sono confinate al grado più basso di beatitudine. Esse "abitano" il cielo della luna in quanto nel Medioevo si credeva che questa rendesse incostanti, ecco perché gli spiriti difettivi, che hanno smarrito la strada scelta, risiedono lì. Ricordo che in Paradiso nessuno soffre per appartenere a un cielo inferiore, tutti gli spiriti godono dell'amore di Dio e non sentono la necessità di avvicinarsi ulteriormente a Lui.

> *Ché volontà, se non vuol, non s'ammorza,*
> *ma fa come natura face in foco,*
> *se mille volte violenza il torza.*
> (Dante, *Paradiso*, vv. 76-78)

Questa splendida terzina, a me molto cara, spiega chiaramente il concetto di volontà, che è come un fuoco che per sua natura tende verso l'alto anche se il vento lo spinge verso il basso.

> Prorompe qui il grande inno alla libera volontà dell'uomo, centro portante di tutto il mondo morale dantesco e ispiratore di tante tra le sue più alte e commosse pagine di poesia. Come una fiamma accesa, la volontà non può spegnersi per forza altrui, se essa stessa non lo vuole, ma fa come il fuoco che costretto e conculcato sempre si risolleva verso l'alto.[116]

L'Alighieri successivamente porta ad esempio due personaggi la cui volontà è stata ferrea, Muzio Scevola e San Lorenzo. Muzio Scevola, giovane aristocratico romano, decise di punirsi per un suo errore bruciando la propria mano destra su un braciere, dando così prova di estrema forza di volontà, mentre San Lorenzo morì martire sulla graticola senza rinnegare la propria fede, altro esempio di notevole determinazione.

---

[116] A. M. Chiavacci Leonardi (a cura di), *La Divina Commedia. Paradiso*, Mondadori, Milano, 2015, p. 58.

Personalmente la terzina sulla volontà l'ho sempre associata al motto *volere è potere*. La volontà è ciò che ci rende liberi, non dobbiamo pensare che esistano delle strade impraticabili, se desideriamo qualcosa, dobbiamo raggiungerla perché se c'è volontà, questa non può essere distratta da niente e da nessuno. Inoltre, vorrei precisare che non esistono scorciatoie, spesso alcuni obiettivi sembrano ardui, irraggiungibili, ma poi tramite la volontà riusciamo nelle imprese prefissate. Molto spesso si intraprendono strade che sembrano più semplici, ci affidiamo a pasticche miracolose per dimagrire o a percorsi scolastici e universitari agevolati: in entrambi i casi ci prendiamo solo gioco di noi stessi e le conseguenze e i rischi che si corrono potrebbero essere molto gravi. È con il sudore e la fatica che si raggiunge la meta, solo così saremo fieri di noi stessi e i risultati ottenuti saranno indelebili.

Questo Canto ci dà un grande insegnamento: come San Lorenzo e Muzio Scevola sono rimasti coerenti al loro credo, ai loro principi, e sono andati oltre il dolore fisico tenendo fede ai propri ideali, così anche noi – seppure in modo meno eclatante – dobbiamo ascoltare la nostra volontà, dobbiamo tendere verso l'alto come fa la fiamma che rappresenta la passione che ci anima e che ci spinge a intraprendere determinate strade.

Canto VIII
Le inclinazioni degli uomini

Canto VIII, nel quale si manifestano alcune questioni per Carlo giovane, re d'Ungheria, il quale si mostroe nel circulo di Venere; e qui comincia la terza parte di questa cantica.[117]

Questo canto a mio avviso si lega al Canto IV trattato in precedenza in quanto esplica i motivi delle diverse inclinazioni umane che sottendono al concetto di volontà: ogni persona ha un'attitudine per qualcosa, chi eccelle nelle materie scientifiche, chi è bravo a lavorare il ferro, chi si sente realizzato ad aiutare i più bisognosi; ognuno deve seguire le proprie inclinazioni e la volontà è il motore delle nostre azioni.

Dante si trova insieme a Beatrice nel Terzo Cielo, Venere, dove risiedono gli spiriti amanti: essi furono in vita fervidi amatori, spesso peccarono di lussuria in quanto dediti all'amore carnale, salvo poi redimersi e volgere il loro sentimento al prossimo e a Dio in modo disinteressato. Ebbene sì, in Paradiso c'è spazio anche per i lussuriosi: se il pentimento è sincero Dio è pronto ad accogliere e perdonare. Come vedremo in seguito Dante collocherà addirittura una prostituta in Paradiso, il che avrà sicuramente destato molto scalpore nei lettori suoi contemporanei.

Il personaggio padrone del canto è Carlo Martello d'Angiò che, dal verso 31 in poi, monopolizza l'attenzione di Dante e Beatrice.

Maestro di palazzo dei Franchi (689 circa - 741); figlio di Pipino detto di Héristal, salvò la monarchia franca dallo

---

[117] G. Petrocchi (a cura di), *La Commedia secondo l'antica vulgata*, cit.

sfacelo, sottomettendo, a capo degli Austrasiani, la Neustria (Austria) ribelle e imponendo la sua volontà nel regno, dapprima governato nominalmente da un re, poi dal 737, essendo il trono vacante, da lui solo, col titolo di maestro di palazzo. Consolidò e ampliò i confini dello stato, in una serie di campagne vittoriose contro Sassoni e Frisoni, Alemanni e Bavari (719-38); ma le sue campagne più celebri furono quelle condotte contro gli Arabi, di cui arginò l'avanzata con la battaglia combattuta il 17 ottobre 733 alcuni km a NE della confluenza della Vienne e della Creuse, nelle vicinanze di Poitiers (onde la denominazione comune di battaglia di Poitiers). Fece iniziare la cristianizzazione della Germania settentrionale.[118]

Carlo si presenta al Poeta dichiarando di essere pronto, come gli altri beati, a soddisfare ogni sua richiesta:

> *Indi si fece l'un più presso a noi*
> *e solo incominciò: "Tutti sem presti*
> *al tuo piacer, perché di noi ti gioi.*
>
> *Noi ci volgiam coi principi celesti*
> *d'un giro e d'un girare e d'una sete,*
> *ai quali tu del mondo già dicesti:*
>
> *'Voi che 'ntendendo il terzo ciel movete';*
> *e sem sì pien d'amor, che, per piacerti,*
> *non fia men dolce un poco di quiete".*
>
> *Poscia che li occhi miei si fuoro offerti*
> *a la mia donna reverenti, ed essa*
> *fatti li avea di sé contenti e certi,*
> *rivolsersi a la luce che promessa*
> *tanto s'avea, e "Deh, chi siete?" fue*

---

[118] *Carlo Martello - Treccani.it*,
http://www.treccani.it/enciclopedia/pipino-il-breve-re-dei-franchi/, 10/07/2019.

la voce mia di grande affetto impressa.[119]
(Dante, *Paradiso*, vv. 31-45)

Leggendo gli endecasillabi notiamo una parola che suona strana all'interno di una frase ambigua che quasi stona in Paradiso, ma che già abbiamo incontrato nell'Inferno laddove invece sembrava più che mai azzeccata. Mi riferisco al *Deh*, espressione priva di senso che sembra sminuire il solenne registro utilizzato in questo canto. Per giunta essa non è lì fine a sé stessa, ma è inserita nella frase *"Deh, chi siete?"* che non fa che accentuare quanto appena detto. Sembra quasi che Dante vada di fretta, troncando il discorso, un po' come accaduto nel Canto XIX dell'Inferno, dove Dante esorta un papa simoniaco, Niccolò III, a parlare, dicendo: *"Deh, or mi dì"*, ovvero: "Dai dimmi adesso", senza giri di parole, tagliando corto. È strano l'utilizzo da parte di Dante di questo termine gergale per rivolgersi ad un beato, mentre all'Inferno era giusto che egli utilizzasse quella parola per sottolineare la bassezza e la brutalità dei simoniaci. Allora come mai l'autore sceglie questo vocabolo così inusuale per il Paradiso?

> Il *"Deh, chi siete?"* di Dante detto con riverenza e affetto non è rivolto a tutte le anime ma essenzialmente e soltanto allo spirito che per primo aveva parlato. Dante sente che c'è un'anima di alto lignaggio alla quale dà del "voi". Quando egli non ha di queste preoccupazioni si rivolge, si sa bene, col familiare "tu". [...] Sicché l'anima capisce bene che il "Deh,

---

[119] «Allora uno spirito si fece più vicino a noi e iniziò da solo a parlare: "Tutti siamo solleciti a soddisfare il tuo piacere, affinché tu gioisca grazie a noi. Noi ruotiamo, condividendo la stessa danza, lo stesso movimento e lo stesso desiderio di Dio, coi Principati, ai quali tu nel mondo un tempo dicesti: "Voi che col vostro intelletto muovete il terzo Cielo"; e siamo così pieni d'amore che, per compiacerti, non ci sarà meno dolce restare fermi per un po'". Dopo aver rivolto uno sguardo riverente alla mia donna e dopo che lei mi ebbe rassicurato con un cenno, rivolsi gli occhi alla luce che tante promesse mi aveva fatto e dissi con la voce piena di grande affetto: "Orsù, chi siete?". Il Poeta approfitta della sua disponibilità chiedendo allo spirito di chiarirgli come sia possibile che da un "dolce seme" discenda un frutto amaro, ovvero una cattiva discendenza da una buona stirpe».

chi siete?" è rivolto a lei soltanto, tanto che non ha tentennamenti alcuno e risponde dando di sé piena e precisa notizia, quale Dante si aspettava. Il pensare che l'anima trascuri la domanda o non intenda il "voi" come plurale *reverentiae*, è un dar dell'equivoco ad uno spirito eletto che tutto vede e tutto sa.[120]

Dunque, qui il *"Deh"* è da intendersi come espressione di stupore ed affetto che ha il protagonista nel vedere innanzi i suoi occhi niente di meno che Carlo Martello, che qui in Paradiso è tra le anime più splendenti. Non a caso il Poeta gli dice *"Deh, chi siete?"*, cioè gli dà del voi tanta è la riverenza e l'ammirazione nei suoi confronti (Dante ancora non sa che si tratta di Carlo Martello, ma ne intuisce la sua grandezza). Non c'è ambiguità: lo spirito comincia a parlare senza tentennamenti alcuni perché sa che Dante si sta rivolgendo a lui e che quindi il "voi" è utilizzato in forma reverenziale. Nell'Inferno Dante usa il *"Deh"* con fare dispregiativo dando del "tu" a un dannato per il quale prova profondo disprezzo; qui sembra essere un'espressione del suo stupore nel vedere di fronte i suoi occhi lo spettacolo del Paradiso, tesi suffragata dal susseguente *"chi siete"* sotto forma di allocutivo di cortesia.[121]
Carlo risponde ai quesiti di Dante spiegando che la Provvidenza Divina si manifesta nei cieli come capacità di influire sulle creature orientandole a un giusto fine previsto. Se così non fosse, le influenze dei cieli sarebbero rovinose; il che non può essere perché i cieli sono guidati da intelligenze angeliche create da Dio stesso. Carlo prosegue la spiegazione chiarendo che ognuno nasce con un'indole: chi nasce legislatore come Salomone, chi condottiero come Serse, chi religioso come Melchidesech e chi scienziato come Dedalo. La Virtù Celeste

---

[120] A. Vallone, *La critica dantesca nel Settecento ed altri saggi danteschi*, Olschki, Firenze, 1961, p. 125.
[121] Si dicono *allocutivi* i pronomi che si usano per rivolgersi a un interlocutore. L'italiano dispone di allocutivi reverenziali o di cortesia, usati per rivolgersi a persone con le quali non si è in confidenza (www.lagrammaticaitaliana.it).

attribuisce ad ognuno di noi un'attitudine, ma in maniera casuale, non seguendo cioè le orme di famiglia. Sarebbe dannoso per la società se ogni figlio facesse ciò che gli viene imposto dalla famiglia senza averne l'attitudine; sarebbe come mettere un seme in un terreno non adatto. Semplicemente non ne deriverebbe nulla.

Ognuno deve seguire le proprie inclinazioni e assecondare le proprie passioni, il rischio sarebbe quello di non amare il proprio mestiere e di rimanere dei mediocri non intraprendendo il percorso corretto. È tramite la volontà di raggiungere un risultato che si dà concretezza ad un'attitudine: avere la passione per la medicina non basta a diventare medico, essere bravi in matematica non è sufficiente per essere ingegneri, avere la passione per il cinema non ci rende attori, essere bravi non ci fa fare carriera in ufficio; di base c'è la forza di volontà che ci spinge a studiare e a fare sacrifici per raggiungere un obiettivo. Guai a chi devia dal percorso che ha tracciato la Provvidenza, come chi fa re *tal ch'è da sermone*, per dirlo con le parole di Carlo Martello che conclude polemicamente il Canto. Carlo, infatti, probabilmente si riferisce al fratello Roberto, destinato a diventare re come lui, mentre a suo avviso sarebbe stato più adatto ad una vita monastica.

Questo Canto è un pretesto per guardare dentro noi stessi, per interrogarci e per capire se le scelte fatte finora rispecchiano quello che siamo; in caso contrario, possiamo cambiare perché la volontà è come un fuoco che tende sempre verso l'alto e nessuno riuscirà a spingerlo in basso: anche se ci provassero, esso tornerebbe sempre alla posizione naturale.

Canto IX
Raab, una prostituta in Paradiso

Canto IX, nel quale parla madonna Cunizza di Romano,
antidicendo alcuna cosa de la Marca di Trevigi; e parla Folco
di Marsilia che fue vescovo d'essa.[122]

È ormai chiaro che Dante ami sorprendere il lettore: colloca
pontefici, frati, governanti all'Inferno, condottieri e peccatori in
Purgatorio. Questa volta però il Poeta fa qualcosa di veramente
eclatante, inserendo Raab, una prostituta (o comunque presunta
tale), in Paradiso.

Sebbene la prostituzione nel Medioevo venisse tollerata, le
prostitute – donne e per di più peccatrici – non avevano vita
facile nella società, ad esempio, non avevano accesso alle cure
mediche tanto da essere costrette a migrare da tutta Italia verso
la città di Viterbo per andare a disinfettarsi con l'acqua sulfurea
del Bullicame[123]. Dante quindi ha un atteggiamento di
benevolenza nei confronti della prostituta Raab, in linea con il
pensiero di Gesù Cristo che in Matteo 21.31 afferma che in
Paradiso ci sarà spazio anche per pubblicani e prostitute.

Tornando alla *Commedia*, Dante e Beatrice si trovano nel cielo
di Venere, nel quale incontrano Cunizza da Romano e Folchetto
di Marsiglia, ma il personaggio che incuriosisce maggiormente
è Raab, con la quale non parlano, ma che attira la loro attenzione
in quanto splende più degli altri spiriti. Ma allora perché mettere
in Paradiso chi ha fatto del peccato di lussuria una professione?
Innanzitutto è necessario capire chi veramente fosse costei e
cosa ha fatto. La Bibbia narra che dopo la morte di Mosè,

---

[122] G. Petrocchi (a cura di), *La Commedia secondo l'antica vulgata*, cit.
[123] G. Rescifina, *Dante e la Tuscia*, Ed. Serena, Viterbo, 2015, pp. 56-57.

[...] il difficile compito di guidare il popolo d'Israele è affidato a Giosuè, che per parecchi anni era stato a servizio di Mosè, come suo fedele collaboratore. Dio stesso gli affida quella missione e lo rassicura, promettendogli che sarebbe stato con lui come prima era stato con Mosè, e che non l'avrebbe mai abbandonato. Giosuè quindi si prepara alla conquista della Terra Promessa. Il primo e più arduo punto da superare è la conquista della città di Gerico, che stava proprio al confine, ed era una città circondata di mura e ben provata contro gli assalti dei popoli nemici. Come saggio stratega, Giosuè, mentre ancora si trova accampato al di qua del fiume Giordano, manda avanti due spie, due giovani capaci e accorti di cui si fida, e li invia di nascosto ingiungendo loro di osservare bene il territorio di Gerico, in modo da scoprire i possibili punti deboli, da colpire più facilmente una volta iniziato l'attacco. Entrando a Gerico, i due fanno il loro giro come visitatori curiosi, e verso sera si recano in casa di una donna, una prostituta chiamata Raab (o Racab), per passarvi la notte, per non dare nell'occhio e fare la cosa che sembrava più ovvia per due giovani stranieri. Ma la loro presenza non rimane nascosta, anzi desta dei sospetti in alcuni cittadini di Gerico, che riferiscono al re che alcuni israeliti erano venuti per esplorare di notte il paese. Subito si presentano dalla donna due ufficiali del re per chiedere di far uscire gli stranieri e consegnarli a loro, perché erano delle spie. Raab, che era una donna scaltra e di grande esperienza, non si fa sorprendere da questa visita. Infatti li aveva nascosti nel terrazzo, dietro a degli steli di lino che erano lì accatastati. Così agli emissari del re, venuti per prendere le spie, risponde senza alcun imbarazzo: "*Sì, sono venuti da me quegli uomini, ma non sapevo di dove fossero. All'imbrunire, quando stava per chiudersi la porta della città, uscirono e non so dove siano andati. Inseguiteli, presto! Li raggiungerete di certo*". La donna presenta tutta la situazione con tanta naturalezza e verisimiglianza che viene creduta senza suscitare alcun dubbio nell'animo degli ufficiali, che si mettono all'inseguimento. Passato il pericolo, quando ormai gli ufficiali del re erano andati all'inseguimento delle due spie lungo la strada del Giordano e le porte della città erano state chiuse, Raab sale sul terrazzo, dove l'aspettano trepidanti i due israeliti. Lì la donna fa loro un discorso molto serio e interessante. Comincia con una professione di fede nella grandezza e nella potenza del Dio d'Israele, i cui prodigi compiuti per liberare con mano potente il suo popolo dalla schiavitù del faraone d'Egitto si erano sentiti anche presso di loro. Quindi afferma con sicurezza: *"So che il Signore vi ha consegnato la terra. Ci è piombato addosso il terrore di voi e davanti a voi tremano tutti gli abitanti della regione, (...) perché il Signore, vostro Dio, è Dio lassù in cielo e quaggiù sulla terra"*. Dopo questa professione di fede nel Dio d'Israele, come Dio del cielo e della terra, e quindi di tutti i popoli, la donna chiede loro che si impegnino con giuramento nei suoi confronti: *"Ora giuratemi per il Signore che, come io ho usato benevolenza con voi, così anche voi userete benevolenza con la casa di mio padre"*. I giovani giurano sulla loro vita che avrebbero fatto di tutto per risparmiare dalla morte Raab e tutti i suoi familiari, ma ad un patto che lei non riveli a nessuno questo loro accordo. Con grande prudenza Raab raccomanda ai due giovani di salire verso la montagna ed aspettare tre giorni, il tempo che gli inseguitori fossero rientrati in città, in modo da non imbattersi in loro. I giovani quindi le consegnano una cordicella di filo scarlatto, da legare alla finestra della sua casa, in modo che quando il Signore avesse dato loro il possesso della città, loro avrebbero potuto riconoscere la casa e risparmiare tutti quelli che si trovavano dentro. Quindi ripetono le condizioni da rispettare: non parlare con nessuno di questo loro patto e assicurarsi che tutti i suoi familiari si trovassero dentro la casa. In caso contrario non erano responsabili della loro vita. A questo punto Raab, protetta dal buio della notte, poiché la sua casa era situata sopra le mura della città, fa calare con una corda i due giovani lungo le mura, mentre li congeda ricordando loro la promessa: *"Sia come voi dite"*. I due giovani si ritirano verso la montagna, quindi, al terzo giorno, riprendono la via del Giordano e si presentano a Giosuè, raccontando tutto quello che era loro accaduto. Giosuè si sentì rassicurato quando i giovani dissero con convinzione: *"Il Signore ha consegnato nelle nostre mani tutta la terra e davanti a noi tremano già tutti gli abitanti della regione"*. Così infatti avvenne. Gerico fu conquistata con l'intervento potente del Signore. I due giovani mantennero la loro promessa: Raab e tutti i membri della sua famiglia furono fatti uscire dalla casa e risparmiati, insieme con tutto quello che apparteneva a loro. Raab così si inserisce nel popolo di Israele, *perché aveva nascosto gli esploratori che Giosuè aveva inviato a Gerico*. La storia di Raab non finisce qui. La lettera agli Ebrei ce la presenta come una eroina della fede: *"Per fede, Raab, la prostituta, non perì con gli increduli, perché aveva accolto con benevolenza gli esploratori"*. La lettera di Giacomo la esalta come modello di fede tradotta in opere: *"Così anche Raab, la prostituta, non fu forse giustificata per le opere, perché aveva dato ospitalità agli esploratori e li aveva fatti ripartire per un'altra strada?"*. Nonostante fosse una straniera e una prostituta, Raab viene esaltata come esempio da imitare, grazie alla misericordia di Dio che ha cambiato la sua vita e l'ha inserita a pieno titolo nel suo popolo, tanto da comparire nella genealogia degli antenati del Messia: *"Salmon generò Booz da Racab, Booz generò Obed da Rut, Obed generò Iesse..."*.[124]

Non solo Raab è in Paradiso, ma è un esempio da imitare. È interessante la lettura che Luisa Pinelli dà del ruolo di Raab nella *Commedia*; di seguito un breve estratto dal suo libro *Come diventare felici con la Divina Commedia – Paradiso*:

È importante notare che Gerico crolla da sola grazie alla potenza della fede e non alla forza delle armi. Raab ha percepito il valore della protezione divina su Giosuè e ha scelto di mettersi dalla sua parte. Non l'ha fatto senza ragione, al contrario voleva in tal modo salvare la sua casa e la sua famiglia. Può sembrare un gesto calcolatore e opportunistico, invece è un gesto che esprime grande maturità. Raab è il simbolo dell'umanità che si orienta verso lo spirito. Cristo premierà Raab portandola in Paradiso, prima tra tutte le anime del Limbo. Raab è quindi il simbolo della mente umana che si libera dalle trappole del materialismo. E a Raab, prostituta redenta, alla fine del canto IX viene contrapposta la Chiesa di Roma, *magna meretrix* che, dimentica delle origini del Cristianesimo, insegue il denaro e il potere trascurando i suoi figli.[125]

---

[124] G. Licciardi (Padre Pino), *Gruppo3Millennio*, https://gruppo3millennio.altervista.org/raab-la-prostituta/, 10/07/2019.
[125] L. Pinnelli, *Come diventare felici con la Divina Commedia – Paradiso*, Luisa Pinnelli Editore, 2012, p. 65.

Per sottolineare la grandezza di questo spirito, l'autore la presenta come la più splendente tra tutte le anime del cielo di Venere:

> *Tu vuo' saper chi è in questa lumera*
> *che qui appresso me così scintilla,*
> *come raggio di sole in acqua mera.*
>
> *Or sappi che là entro si tranquilla*
> *Raab; e a nostr'ordine congiunta,*
> *di lei nel sommo grado si sigilla.*
>
> *Da questo cielo, in cui l'ombra s'appunta*
> *che 'l vostro mondo face, pria ch'altr'alma*
> *del triunfo di Cristo fu assunta.*
>
> *Ben si convenne lei lasciar per palma*
> *in alcun cielo de l'alta vittoria*
> *che s'acquistò con l'una e l'altra palma,*
>
> *perch'ella favorò la prima gloria*
> *di Iosuè in su la Terra Santa,*
> *che poco tocca al papa la memoria.*[126]
> (Dante, *Paradiso*, vv. 112-126)

Raab prostituta, eroina, spirito beato, modello da seguire: il Poeta si ispira al Vangelo collocando la donna in Paradiso, dando così visibilità a un personaggio biblico sconosciuto a

---

[126] "Tu vuoi sapere chi è in questa luce che sfavilla qui accanto a me, in modo tale che sembra un raggio di sole in un'acqua cristallina. Ora sappi che lì dentro gode la pace Raab; e, unita al nostro Cielo, esso riceve l'impronta di lei al massimo grado (è lo spirito più luminoso). Essa fu assunta da questo Cielo, in cui termina il cono d'ombra proiettato dalla Terra, prima di ogni altra anima dal trionfo di Cristo. Fu giusto lasciarla in un Cielo come simbolo della grande vittoria che si ottenne con la crocifissione di Cristo, perché essa favorì la prima vittoria militare di Giosuè in Terrasanta (a Gerico), di cui oggi il papa si ricorda troppo poco".

molti e accendendo una speranza in quanti si trovano in una condizione analoga. Se Raab, peccatrice incallita, si è meritata il Paradiso, allora possiamo ambirci tutti. Come ci ricorda Dante stesso nel III Canto del Purgatorio: *La bontà Divina ha sì gran braccia che prende ciò che si rivolge a lei* (ovvero: la bontà divina ha delle braccia così ampie che accoglie tutti coloro che si rivolgono a lei).

In realtà non deve sorprendere che il Poeta abbia inserito Raab nella *Commedia*: come già detto in precedenza, Dante narra di personaggi che hanno storie eccezionali alle spalle, a volte quasi incredibili, come appunto prostitute, spiriti beati, papi, peccatori degeneri, e re. Un po' come avviene nello studio del diritto, dove spesso vengono assunti casi limite che estremizzano un concetto per rendere chiaro un determinato argomento.

Dante in questo Canto e nel corso di tutta la *Commedia* dà prova della sua immensa cultura attingendo a una molteplicità di testi che spaziando dalla letteratura classica, ai libri sacri, da leggende popolari a volumi di scienza. È anche tramite le sue vaste conoscenze che il Poeta è riuscito a scrivere un poema così completo e ricco di contenuti. Un testo che quando è stato scritto era una sorta di enciclopedia e che ancora oggi è oggetto di studio e di conoscenza.

Il canto si conclude con l'invettiva pronunciata dal fu vescovo cattolico, Folchetto di Marsiglia, contro gli uomini di Chiesa, papa compreso, che hanno abbandonato gli insegnamenti del Vangelo a unico beneficio delle ricchezze terrene, tralasciando perciò la missione pastorale. Come detto qualche riga sopra, questo salta agli occhi in quanto il rimprovero ai clericali viene posto in netto contrasto con gli onori riservati a Raab la prostituta la quale, a differenza di molti prelati, è stata meritevole del Paradiso. Per marcare l'invettiva, l'autore utilizza un linguaggio insolito per il Paradiso, caratterizzato da un registro basso (*si fa la ragna*, *sconcia*, *bigoncia*, *il maladetto fiore*). Questo stile è in netto contrasto con quello utilizzato qualche terzina prima che, di contro, è molto più ricercato:

> *In quella parte de la terra prava*
> *italica che siede tra Rialto*
> *e le fontane di Brenta e di Piava,*
>
> *si leva un colle, e non surge molt'alto,*
> *là onde scese già una facella*
> *che fece a la contrada un grande assalto.*
> (Dante, *Paradiso*, vv. 25-30)

Una varietà linguistica che ben descrive le diverse situazioni. Dante cambia camaleonticamente registro per dare emozioni diverse al lettore: quando parla di Raab, la innalza con un linguaggio confacente ad un'anima beata; quando critica la Chiesa Cattolica, utilizza rime aspre. Al pari di un compositore di colonne sonore per film che adatta i brani alle varie situazioni (musiche tese per i film horror, canzoni rosee per i film romantici), così Dante utilizza rime differenti per differenti momenti.

Canto XXXIII
Visone di Dio, i segreti del viaggio dantesco

> Canto XXXIII, il quale è l'ultimo de la terza cantica e ultima;
> nel quale canto santo Bernardo in figura de l'auttore fa una
> orazione a la Vergine Maria, pregandola che sé e la Divina
> Maestade si lasci vedere visibilemente.[127]

Premetto che sono stati scritti libri interi sull'ultimo Canto del Paradiso. Professori, studiosi, ricercatori e appassionati hanno dedicato anni di studi al trentatreesimo ed ultimo canto della *Commedia*: il mio è un umile omaggio al Poeta nel quale metto tutta la mia passione e tutto il mio sapere, senza presunzione alcuna, se non sperare che qualcuno si appassioni al poema almeno tanto quanto il sottoscritto.

Il Canto conclusivo della Terza Cantica è il punto più alto della *Commedia*, quello in cui l'Alighieri dà sfogo al suo estro e al suo talento consolidando così la sua grandezza; anche solo leggendolo senza capirlo, si intuisce la sua armonia e la sua melodiosità, come fosse una canzone straniera della quale non si comprende il testo, ma le cui note cullano l'ascoltatore. A tal proposito, potrei suggerire di associare la lettura del Canto all'ascolto della celebre *Toccata e Fuga BWV 565 in Re minore* di Bach, che è caratterizzata da un'evoluzione frastagliata di momenti di relativa calma, intervallati ad altri di intensa operosità musicale, che sfociano in un'esplosione armonica che conclude maestosamente il brano. Le sensazioni che si provano al termine dell'ascolto sono di struggente bellezza e di pace interiore, il mondo rumoroso là fuori è solo un vago ricordo, e il suono dell'organo riecheggia nei pensieri rasserenandoci.

---

[127] G. Petrocchi (a cura di), *La Commedia secondo l'antica vulgata*, cit.

Ugualmente alla *Toccata e Fuga*, l'ultimo Canto del Paradiso lascia al lettore un senso di grandiosità, serenità e appagamento, come se si trattasse di una pietanza particolarmente succulenta e nutriente che non fa desiderare di mangiare altro.

Al pari di un bel quadro del Caravaggio che al primo sguardo rapisce per la sua intensità e la sua forza, così l'ultimo del Paradiso non necessita di molte letture per rimanere estasiati dalla sua bellezza. Caravaggio, Bach, Dante hanno in comune un talento straordinario con il quale attraverso le loro opere rendono tangibile l'esistenza di qualcosa di soprannaturale (tra l'altro tutti hanno dato forma artistica a temi biblici: Caravaggio ha dipinto la vocazione e la passione di San Matteo, la conversione di San Paolo; Bach ha composto la Passione secondo Matteo, secondo Giovanni e secondo Marco, e Dante ha scritto la *Divina Commedia*). Il trasporto, la passione e la bellezza che trasudano dalle loro creazioni sono così palpabili e intense che fanno pensare che esista qualcosa di soprannaturale, qualcosa di più grande degli uomini stessi. Le opere di questi artisti non necessitano di migliorie e vanno apprezzate nella loro interezza: i dipinti di Caravaggio non hanno bisogno di ulteriori colori; i brani di Bach hanno le note e le pause che servono nel momento e nella posizione giusta, né una in più, né una in meno, mentre la *Divina Commedia* è un testo perfetto così com'è, nessun termine e nessuna virgola devono essere toccati. Non serve essere dotti, pittori, musicisti o scrittori per percepire la bellezza dell'arte, essa comunica la sua intensità senza necessità di un background specifico, sollecita i sensi regalando gratuitamente emozioni.

In un crescendo rossiniano che ha mosso i suoi primi passi nell'Inferno, ha attraversato il Purgatorio e sta per concludersi in Paradiso, Dante e la sua guida San Bernardo si accingono a colmare la distanza finale che separa il Poeta dalla visione di Dio.

Ci troviamo

> [...] nel decimo e ultimo Cielo a partire dalla Terra, in cui hanno sede Dio, i cori angelici e la candida rosa dei beati: a differenza di tutti gli altri Cieli esso coincide con la mente di Dio e non è un quindi un corpo materiale, né è governato da alcuna intelligenza angelica, trovandosi anzi al di fuori del tempo e dello spazio (in esso, spiega Dante, non hanno valore le normali leggi fisiche). Si tratta di una sorta di anfiteatro dotato di sedili a forma di rosa, dove siedono le anime del Paradiso che sono candide; esse sono fatte di pura luce, simbolo di beatitudine divina, tanto che è quasi difficile riconoscerne i tratti.[128]

> All'apice, nel seggio più alto, risplende la Vergine Maria. Bernardo spiega a Dante come sono disposti i beati nella rosa (XXXII), dicendogli che al di sotto di Maria siedono alcune donne dell'Antico Testamento tra cui Eva, Rachele, Sara, Rebecca, Giuditta, Ruth, che formano una sorta di linea di divisione tra personaggi dell'Antico e del Nuovo Testamento. Di fronte a Maria, dalla parte opposta della rosa, siede San Giovanni Battista, al di sotto del quale si trovano San Francesco, San Benedetto e Sant'Agostino. La parte inferiore è tutta occupata dai bambini, eletti alla beatitudine non per meriti propri ma per grazia imperscrutabile di Dio. Tra le anime più eccelse della rosa spiccano: Adamo, Mosè (alla sinistra della Vergine), san Pietro, san Giovanni Evangelista (alla sua destra). Di fronte a San Pietro e alla destra di Giovanni Battista, dalla parte opposta della rosa, siede sant'Anna, la madre della Madonna, mentre alla sinistra del Battista si trova Santa Lucia, la quale invitò Beatrice a soccorrere il Poeta nella selva oscura.[129]

Non a caso, San Bernardo, ultima guida di Dante, che dopo Virgilio e Beatrice è chiamato ad assistere il Poeta durante il suo percorso, è devoto alla Vergine Maria, devozione necessaria per

---

[128] *Paradiso, Divina Commedia*,
https://it.unionpedia.org/i/Paradiso_(Divina_Commedia), 21/07/2019.
[129] *La Divina Commedia*,
https://divinacommedia.weebly.com/paradiso-canto-xxxi.html, 22/09/2019.

chiedere alla Madonna stessa l'intercessione per aiutare il Poeta alla visione di Dio.

Il Canto si apre proprio con una preghiera che il Santo rivolge alla Vergine alla quale chiede di assistere il Poeta durante la visione dell'Onnipotente e di mantenere sane le sue facoltà intellettuali e affettive: nessun essere umano sarebbe in grado di comprendere Dio, di sostenere il suo sguardo, ne uscirebbe pazzo, come detto nel Canto IV del Paradiso; per Dante, uomo, è già difficile capire il Paradiso, immateriale e intangibile, figuriamoci addentrarsi con gli occhi nel volto del Padre Eterno! Non esiste un senso adatto per comprendere certi misteri, l'essere umano non ne è dotato. Per questo motivo la Vergine Maria, conscia dei limiti terreni di Dante, lo assiste nella visione dell'Altissimo e fa in modo che egli comprenda nel modo migliore possibile ciò che si appresta a vedere. Dante a più riprese ribadisce che il suo linguaggio è insufficiente a descrivere ciò che vede e si ritiene soddisfatto se riuscirà a lasciare ai posteri almeno una scintilla di ciò che ha visto, cioè la gloria di Dio.

Il Poeta a questo punto è pronto ad addentrarsi nella mente del Creatore. Capite bene la difficoltà, l'imbarazzo dell'Alighieri che probabilmente ha provato nello spingersi così in là, ovvero nell'avere la presunzione di scrivere di aver visto Dio e di volerlo descrivere. Ma non è di certo stato un atto di superbia fine a sé stesso, bensì la conclusione di un viaggio che non poteva finire diversamente: Dante ha superato le difficoltà dell'Inferno, le fatiche del Purgatorio e ha ascoltato i santi del Paradiso. Con la visione di Dio la *Commedia* acquista di senso; il significato è che l'uomo, Dante, ce l'ha fatta, è al cospetto del Signore e tutti possono ambirci. Inizia per Dante-autore la sua ultima fatica letteraria, le sue ultime terzine che descrivono l'Onnipotente.

Come già detto, il Paradiso è il regno dell'immateriale e già solo per questo motivo il compito dell'autore è estremamente gravoso. A tal proposito mi trovo d'accordo con quanto scritto

da Salvatore Battaglia – filologo, linguista, e critico letterario –
che si espresse così a proposito del Paradiso dantesco:

> Al Poeta toccherà esprimere l'incomunicabile. L'impresa
> dello stile che ora Dante progetta sembra assurda, è al di fuori
> d'ogni realizzazione. Perché non appena l'intelletto e la parola
> presumeranno di descrivere il Paradiso e di ridurlo in termini
> espositivi, il Paradiso stesso cesserà di fruire della sua natura
> trascendente, sovrumana, misteriosa. Al Poeta resterà questo
> compito: non già di rappresentare il Paradiso nella sua
> inattingibile verità, ma di farne intravedere l'intatta eternità e
> l'immensa beatitudine con i mezzi impari di cui dispone la
> parola dell'uomo. Il nodo lirico del Paradiso e del suo
> linguaggio consiste nell'esprimere questa situazione, che
> prima di essere stilistica è morale: cioè, l'interna intuizione del
> Paradiso come simulacro esemplare dell'anima, e, nello stesso
> tempo, la struggente incapacità a raffigurarne realmente
> l'essenza. Nel Paradiso è la stessa realtà che dovrebbe risultare
> abolita o superata. Il Poeta si trova, pertanto, al limite del reale.
> Immateriale, invisibile, assolutamente mistico, il Paradiso è il
> regno della pura intuizione, che si realizza unicamente nei
> silenzi incommensurabili ed essenziali dello spirito.[130]

Il Poeta si accinge a descrivere ciò che è indescrivibile nella sua
forma più complessa: Dio. È per questo motivo che il Poeta
riconosce i suoi limiti di uomo nel comprendere e divulgare ciò
che ha visto, tanto da ripeterlo a più riprese.
Ma finalmente, eccoci nella mente del Padre Eterno: essa è
rappresentata da una luce splendente; il Poeta la guarda estasiato
e vi scorge tre cerchi, delle stesse dimensioni e di colori diversi
(la Trinità), e mentre il secondo (il Figlio) sembra il riflesso del
primo (il Padre), come un arcobaleno che ne crea un altro, il
terzo (lo Spirito Santo) è come una fiamma che spira
ugualmente dai primi due. Dante ribadisce la sua incapacità nel

---

[130] *La Divina Commedia*,
https://divinacommedia.weebly.com/paradiso-canto-xxxiii.html, 22/07/2019.

descrivere ciò che ha visto: non ci sono parole, aggettivi o similitudini adatte.

A questo punto Dante si sofferma a guardare il secondo cerchio, il Figlio, nel quale riconosce l'immagine umana. Fermiamoci un attimo. Questo passaggio è emblematico e merita particolare attenzione. Al di là del mistero della trinità, Dante ci dà un'informazione tangibile e chiara: egli vede un uomo, un essere umano:

> *Quella circulazion che sì concetta*
> *pareva in te come lume reflesso,*
> *da li occhi miei alquanto circunspetta,*
>
> *dentro da sé, del suo colore stesso,*
> *mi parve pinta de la nostra effige:*
> *per che 'l mio viso in lei tutto era messo.*[131]
> (Dante, *Paradiso*, vv. 127-132)

ma la visione diventa ancora più interessante se la frase *il mio viso in lei tutto era messo* viene tradotta come "mi sono visto io, Dante". La *Divina Commedia* è, dunque, come uno specchio, ed è così anche per Dante che ha attraversato mari e monti, Inferno e Purgatorio per arrivare a guardare Dio e vedere sé stesso! La *Commedia* è un viaggio interiore in cui si analizzano vizi e virtù umani e dato che siamo tutti fatti *a Sua immagine e somiglianza*, la ricerca di Dante del Divino non poteva che terminare con la visione di sé stesso. Il Poeta è ormai libero dai peccati di cui soffriva quando si trovava nella selva oscura, è asceso in Paradiso ed ora ha capito, ha visto addirittura, che noi esseri umani siamo parte di Dio e che Egli è in noi.

---

[131] "Quel cerchio (il secondo, il Figlio) che sembrava nascere come da un riflesso, dopo essere stato a lungo osservato dai miei occhi, mi sembrò che avesse dipinta in esso, dello stesso colore, l'immagine umana: per questo avevo penetrato all'interno tutto il mio sguardo".

Dice Dante: quando ho fissato il cuore di Dio, l'intimità di Dio, la natura più profonda di Dio, laggiù, nella profondità del Mistero *mi parve pinta de la nostra effige*, ho visto un volto d'uomo. Un volto d'uomo, capite? Il naso, le orecchie, la barba... Ho visto la nostra faccia, ho visto la faccia di un uomo come noi, uguale a noi. Anzi, *per che 'l mio viso in lei tutto era messo*: letteralmente vuol dire che lì la mia capacità di vedere si è giocata interamente, in tutta la sua potenza, e solo allora ho visto un volto d'uomo nell'intimità di Dio. Ma a me piace pensare che questo *mio viso in lei tutto era messo* voglia anche dire: ho riconosciuto in quel volto il mio. Ho visto lì la mia vera immagine, la mia vera identità, il mio vero nome. Lì è custodita la verità della mia persona. La mia, non la vostra, la mia, con le caratteristiche fisiche che ho.[132]

È chiaro quindi che ognuno di noi, se fosse stato al posto di Dante, avrebbe visto il proprio volto. Il Poeta descrive il proprio viaggio, il proprio percorso salvifico, ma la sua storia può essere anche la nostra; anche noi attraversiamo periodi bui, momenti di incertezza e smarrimento, per poi ritrovare la pace e la serenità. Dante riconosce nuovamente la propria incapacità a comprendere il mistero dell'Incarnazione, fino a quando la sua mente viene colpita da un alto fulgore che, in una sorta di rapimento mistico, appaga il suo desiderio. Alla sua immaginazione ora mancano le forze, tuttavia l'amore divino ha ormai placato la sua volontà di conoscere, muovendola come una ruota che si muove in modo regolare e uniforme. Termina così il viaggio dantesco. Di seguito riporto due annotazioni di due autorevoli studiosi. Come sottolinea Enrico Malato nel libro *Dante al cospetto di Dio*:

A Dante è stato consentito, per straordinaria concessione della grazia divina, di avere – ancora in vita, perché ne scriva ancora agli altri uomini, indicando loro una via di salvezza – una

---

[132] F. Nembrini, *«L'amor che move il sole e l'altre stelle» (Paradiso, XXXIII)* - Lectura Dantis, Approfondimenti disciplinari
https://it.pearson.com/areedisciplinari/italiano/approfondimentidisciplinari/paradiso-xxxiii.html, 22/07/2019.

visione e una conoscenza piena di Dio, attraverso la quale
consegue la beatitudine.[133]

Salvatore Battaglia, invece, tira le somme sul viaggio dantesco:

> Un progetto come quello di Dante è unico nella tradizione
> letteraria di tutti i tempi. La proiezione dell'umano nel divino
> e la trasparenza di Dio nelle cose e nel cosmo storico sono le
> due dimensioni che hanno consentito a Dante di realizzare
> un'opera totalitaria e universale. Tanto per i credenti quanto
> per i non credenti.[134]

Appare ormai chiaro che l'obiettivo della *Commedia* è di
indicare agli uomini la via della salvezza; l'Alighieri, con la sua
testimonianza, aggiunge veridicità al suo viaggio esigendo che
il lettore creda ad ogni sua parola.

Altro punto fondamentale è che la *Commedia* è rivolta a tutti,
anche ai non credenti. Anche Gesù Cristo disse: "Io non sono
venuto a chiamare i giusti, ma i peccatori", non sorprende quindi
che la *Commedia* sia rivolta a tutti, ognuno deve avere la
possibilità di poter riflettere su temi universali quali la vita, la
morte e la vita oltre la morte, di cercare la felicità, anche i non
credenti. Magari è possibile che qualche ateo dopo aver letto la
Commedia si sia avvicinato al Cattolicesimo per poi convertirsi,
chissà... E forse è proprio questo lo scopo di Dante nello scrivere
la *Commedia*: la conversione delle anime. È probabile che dopo
aver letto il testo del Poeta molti scettici inizino a ragionare su
determinati argomenti per poi, auspicabilmente, finire per
avvicinarsi definitivamente a Dio, anche solo sospinti dalla
paura di finire all'Inferno in balia dei demòni; cosicché Dante,
peccatore, grazie a questo libro che nel corso dei secoli ha fatto
tanto del bene salvando, chissà, molte anime dall'Inferno, si è
assicurato il Paradiso.

---

[133] E. Malato, *Dante a cospetto di Dio*, Salerno Editrice, Roma, 2013, p. 77.
[134] S. Battaglia, *L'umano e il divino nell'ultimo canto del Paradiso*, Liguori, Napoli,
1967, p. 201.

Ricapitolando: io, Dante, scrivo la *Divina Commedia* per espiare i miei peccati sensibilizzando le persone verso certe tematiche e così facendo rendo grazia a Dio che mi perdona le colpe che ho commesso in vita concedendomi il Paradiso... ma questa è solo una mia personale ipotesi.

Prima di svelarne il senso e la chiave che Dante ci lascia per aprire le porte del Paradiso, vorrei segnalare alcune terzine:

> *Qual è colui che sognando vede,*
> *che dopo 'l sogno la passione impressa*
> *rimane, e l'altro a la mente non riede,*
>
> *cotal son io, ché quasi tutta cessa*
> *mia visione, e ancor mi distilla*
> *nel core il dolce che nacque da essa.*[135]
> (Dante, *Paradiso*, vv. 58-63)

Al di là della bellezza di queste parole, è importante sottolineare che il Poeta sta dicendo che ciò che sta per vedere è difficile da descrivere, ma è come un sogno piacevole che al risveglio ci lascia un senso di appagamento anche se non lo si ricorda; e questo, a mio avviso, può essere esteso alla *Divina Commedia* tutta. Dante, infatti, non ci dice come sia finito nella selva, si può ipnotizzare che egli stesse dormendo e forse la *Divina Commedia* è come un sogno che svanisce quando si legge l'ultima pagina, ma lascia in noi la consapevolezza di essere più maturi e sensibili a certe tematiche.

E ancora:

> *A l'alta fantasia qui mancò possa;*
> *ma già volgeva il mio disio e 'l velle,*

---

[135] "Come quello che vede qualcosa in sogno, e quando si sveglia gli resta l'impressione nell'animo e non riesce a ricordare nulla, così sono io, dal momento che quasi tutta la mia visione è svanita dalla mia memoria, ma nel cuore è ancora presente la dolcezza che nacque da essa".

> *sì come rota ch'igualmente è mossa,*
>
> *l'amor che move il sole e l'altre stelle.*[136]
> (Dante, *Paradiso*, vv. 142-145)

Dopo questo estremo momento di estasi, Dante si sente appagato. Non ci dice cosa succede dopo, ad esempio se si sveglia, la *Divina Commedia* termina come era iniziata, cioè con un mistero.

Noi non sappiamo come Dante ci sia finito in questo percorso che lo ha portato a cospetto di Dio, ma ormai conosciamo come ne sia uscito.

Il Canto si chiude con una perifrasi volta ad indicare Dio: *l'amor che move il sole e l'altre stelle*. Per la terza e ultima volta una Cantica si conclude con la parola *stelle*, una parola emblematica scelta da Dante non a caso: l'uomo tende verso l'alto, verso *le virtude*, *la canoscenza*, verso Dio. Quando esce dall'Inferno, Dante rivede le stelle, con la consapevolezza che il peggio è passato, ma sapendo che ancora molta strada c'è da fare per arrivare al Cielo. Alla fine del Purgatorio, Dante è pronto a salire alle stelle, i peccati sono stati espiati ed è pronto a giungere in Cielo; il Paradiso termina con la visione di Dio, indicata appunto come *l'amore che muove il sole e le altre stelle*.

Le stelle sono la meta, il punto più alto al quale Dante volge lo sguardo.

Con la visione di Dio il Poeta conclude il suo viaggio e, come il sipario di un grande spettacolo che cala al momento giusto, così si conclude magistralmente il poema.

Siamo giunti al termine di questo appassionato omaggio al genio dantesco.

---

[136] "Alla mia alta immaginazione qui mancarono le forze; ma ormai l'amore divino, che muove il Sole e le altre stelle, volgeva il mio desiderio e la mia volontà, come una ruota che è mossa in modo uniforme e regolare (Dio aveva appagato ogni mio intimo desiderio)".

Qual è dunque la chiave per arrivare in Paradiso? Qual è il senso della *Commedia*? Cosa vuole dirci Dante?

Secondo la tesi di Valli, nella *Commedia* coesiste una simbologia ricorrente: Dante che viene associato alle virtù della Croce di Cristo in quanto battezzato e Virgilio associato alle virtù dell'Aquila imperiale in quanto padre letterario di Enea, l'eroe che contribuì alla fondazione di Roma, Impero per eccellenza. Da qui, tutte le situazioni che loro oltrepassano all'Inferno devono essere lette in quest'ottica: i due superano gli inganni dei diavoli e tutte le difficoltà infernali insieme, giungono in Purgatorio grazie alle virtù dell'Aquila e della Croce, in modo congiunto. Ad esempio, come già segnalato in precedenza, se Virgilio dà la mano a Dante, significa sì che fisicamente e letteralmente si prendono per mano, ma anche che le virtù dell'Impero e quelle della Croce si uniscono, solo così i due viandanti riescono a superare tutti gli ostacoli e le difficoltà, solo insieme niente riesce a fermarli. Ricordo che la *Divina Commedia* va interpretata sotto quattro diversi aspetti e che c'è sempre un significato nascosto, più profondo, che si cela dietro ad un'azione apparentemente banale. Non solo: questo simbolismo fa da filo conduttore a tutta la *Commedia* e lo si trova in quasi tutti i Canti del poema in modo più o meno velato. Conclude il Valli:

> Così attraverso l'opera alternata e costante della Croce e dell'Aquila Dante è giunto ad affisarsi in quel Dio dal quale, come egli dice nell'*Epistola ai Re d'Italia*: *velut a puncto biffurcatur Petri Cesarisque potestas*, onde emanano cioè direttamente sul mondo (operando per mezzo del Papato e per mezzo dell'Impero) la virtù della Croce e dell'Aquila.[137]

Dante ce lo aveva già detto nella *V Epistola ai Re d'Italia* che le virtù del Papato e dell'Impero, della Croce e dell'Aquila, ci avrebbero salvati (era giunta l'ora per le Potestà della Chiesa e

---

[137] L. Valli, *La Chiave della Divina Commedia*, cit., p. 198.

dell'Impero le quali avrebbero potuto porre fine alle lacerazioni dell'Italia e restituire agli esuli la loro legittima patria).

Tirando le somme, come ha fatto Dante a giungere in Paradiso, cosa dobbiamo fare noi uomini per meritarci la beatitudine eterna? Rispettare le leggi degli uomini (Aquila, Virgilio) e quelle di Dio (Croce, Dante). Oggi diremmo che si devono rispettare i precetti di Cristo, la Bibbia, i Vangeli, i Dieci Comandamenti, e quelli dello Stato, le leggi e la Costituzione. Banale, no? Banale ma corretto; come detto nei capitoli precedenti non esistono scorciatoie, pasticche miracolose, furbizie varie o finte redenzioni (come quella di Guido da Montefeltro): gli obiettivi prefissati bisogna sudarseli. A volte è la soluzione più banale quella più ovvia, e rappresenta la risposta di tanti interrogativi.

Non esistono chissà quali strade miracolose per il Paradiso. Dobbiamo affrontare i nostri mostri, le nostre paure e comportarci correttamente. Un onesto cittadino che è al contempo anche un cristiano modello quando morirà andrà in Paradiso proprio perché in vita ha rispettato le leggi degli uomini e quelle di Dio. Questo è ciò che Dante vuole dirci, la Chiave della *Commedia*.

L'Alighieri ci ha lasciato un esempio di speranza; egli se pur peccatore è giunto sino a Dio, ma il suo non è stato un viaggio semplice, ha sofferto, ha faticato, ma tramite le sue guide e seguendo le leggi di Dio e dell'Impero è giunto sino al Paradiso. Questo il messaggio di Dante: tutti dobbiamo ambire alle stelle, al cielo, a Dio; la speranza c'è stata per un condottiero come Bonconte da Montefeltro e per Raab la prostituta. Per altri invece, come per i molti papi presenti all'Inferno, la strada per la beatitudine eterna si è interrotta; non si può mentire a Dio, non basta essere proclamati papi o re per avere la certezza di un futuro radioso: chi smarrisce la retta via viene giudicato sulla terra dalle leggi degli uomini e poi da quelle di Dio.

Siamo noi gli artefici del nostro destino, nessuno può opporsi, nessuno può decidere per noi, ma occhio a non prendere strade sbagliate. Ora abbiamo anche gli strumenti per non cadere in inganno, a noi la scelta.

G. Doré, *Santa Maria*, in *La Divina Commedia di Dante Alighieri. Ediz. Illustrata.*

Bibliografia

AA.VV., *Enciclopedia Garzanti di filosofia*, Garzanti, 1995

Andreoli Vittorino, *Dialogo tra uno psichiatra e il suo paziente*, Rizzoli, 2011

Auerbach Erich, *Studi su Dante*, Feltrinelli, 2017

Balbiano d'Aramengo Maria Teresa, *Il Purgatorio di Dante - Nuovi appunti per la lettura*, Riccadonna Editori, Torino, 2017

Battaglia Salvatore, *L'umano e il divino nell'ultimo canto del Paradiso*, Liguori, Napoli, 1967

Bembo Pietro, *Prose della volgar lingua*, 1525

Bertin Emiliano, *Dante*, RCS MediaGroup S.p.A., 2017

Borges Jorge Luis, *Nove saggi danteschi*, Piccola Biblioteca Adelphi, 2001

Borsellino Nino, *Ritratto di Dante*, Economica Laterza, 2007

Boswell John, *La chiesa e l'omosessualità visti da una prospettiva storica*, V Biennial Dignity International Convention di San Diego, 1979

Chiavacci Leonardi Anna Maria, *La Divina Commedia. Paradiso*, Mondadori, 2015

Chimenz Siro A., *Il canto XXVII dell'Inferno*, Signorelli, 1958

D'Ovidio Francesco, *Ugolino, Pier della Vigna, i simoniaci*, Hoepli, 1907

De Mandato Alessandro, *Piccola guida allo studio della Divina Commedia di Dante Alighieri*, Forgotten Books, 2018

Di Pino Guido, *Lectura Dantis Scaligera, Paradiso*, F. Le Monnier, 1968

Doré Gustave, *La Divina Commedia. Ediz. Illustrata*, Mondadori, 2013

Durkheim Emile, *Il suicidio. Studio di sociologia*, 1897

Elena Bono, *Fatti non foste a viver come bruti. La Divina Commedia come guida al risveglio*, Youcanprint, 2013

Gautier Théophile, *L'Enfer de Dante Alighieri avec les dessins de Gustave Doré*, 1861

Giannantonio Pompeo, Petrocchi Giorgio, *Questioni di critica dantesca*, Luigi Goffredo Editore, 1970

Grabher Carlo (a cura di Giovanni Getto), *Letture Dantesche*, Sansoni, 1964

Graus Siviero M., *Come scrivere un giallo napoletano – con elementi di sceneggiatura*, Edizioni Graus, 2003

Inglese Giorgio, *Dante: guida alla Divina Commedia*, Carocci, 2012

Malato Enrico, *Dante al cospetto di Dio. Lettura del canto XXXIII del Paradiso*, Salerno editore, 2013

Malato Enrico, *Dante*, RCS MediaGroup, 2015
Malato Enrico, Mazzucchi Andrea, *Lectura Dantis Romana*, Salerno Editore, 2013
Marucci Valerio, *Per me, Dante. Incontri e riflessioni con alcuni canti della «Commedia»*, Longo Angelo, 2014
Minisci Alessandra, *Eneide. Guida alla lettura*, Edizioni Alpha Test, 2006
Momigliano Attilio, *Giornale Storico della Letteratura Italiana*, 1916
Nembrini Franco, *Dante, Poeta del desiderio*, Itaca, 2011
Nembrini Franco, *Lectura Dantis*, Itaca, 2012
Nobile Tommaso, *Il mondo dantesco*, Schena Editore, 1991
Paganini Andrea, *Gerione e l'Inferno dantesco: la frode, l'accordo, il volo*, in «Rassegna Europea di Letteratura Italiana» 11/1, Fabrizio Serra Editore, 1998
Paparelli Gioacchino, *Il Canto XIX del "Purgatorio"*, *Lectura Dantis Scaligera*, F. Le Monnier, 1964
Perotti Paola, Giusti Lidia, *Divina Commedia, guida allo studio, Paradiso*, Argo, 1999
Petrocchi Giorgio, *Inferno, Purgatorio e Paradiso di Dante*, Bur Saggistica, 1998
Petrocchi Giorgio, *Itinerari danteschi*, Bari, Adriatica, 1969
Petrocchi Giorgio, *La Commedia secondo l'antica vulgata*, Casa Editrice Le Lettere, Firenze, 1994
Petrucciani Mario, *Nuove Letture Dantesche*, Le Monnier, 1968
Pinnelli Luisa, *Come diventare felici con la Divina Commedia – Paradiso*, Luisa Pinnelli Editore, 2012
Rescifina Giuseppe, *Dante e la Tuscia*, Casa Editrice Serena, 2016
Sermonti Vittorio, *La Commedia di Dante*, BUR Biblioteca Univ. Rizzoli, 2006
Valli Luigi, *La chiave della Divina Commedia*, Luni Editrice, 2016
Vallone Aldo, *La critica dantesca nel Settecento ed altri saggi danteschi*, Olschki, 1961
Villani Giovanni, *Nova Cronica*, 1537

Sitografia

academia.edu
aleteia.org
avvenire.it
divinacommedia.weebley.com
dizionari.corriere.it
enciclopediauniversale.com
flars.net
flipbook.cantook.net
gruppo3millennio.altervista.org
ilcattolico.it
ilgiornale.it
it.unionpedia.org
italiamedievale.org
ladante.it
monasterodibose.it
mondimedievali.net
motivatemeapp.it
notizie.it
pinterest.it
raucci.net
repubblica.it
ripassofacile.blogspot.com
slideshare.net
sourcebooks.fordham.edu
treccani.it
vatican.va
webs.ucm.es
wikipedia.it
youtube.it

SOMMARIO